口袋裡的哲學課

牛津大學的10分鐘哲學課，
跟著亞里斯多德、尼采、艾西莫夫、薩諾斯等95位思想家，破解135則人生思辨題

喬尼·湯姆森 著

吳煒聲 譯

Mini Philosophy: A Small Book of Big Ideas
Jonny Thomson

論述巧妙，一語中的。如果這還不能點燃你的哲學導火線，你就欠缺哲學頭腦。

——朱立安．巴吉尼，《自願被吃的豬》作者

這些短文閃閃發亮，每一篇讀起來都讓人津津有味，而且不會避重就輕，內容空泛。我想不出別種更有趣的方式去探討這些人生的大哉問。

——奧利佛．柏克曼，《人生4千個禮拜》作者

行文精闢睿智，引人入勝，討論生命、思想與世界。本書猶如樣式繁多的菜單，每道佳餚皆營養豐富，稍微品嘗便能體會哲學的美味，令人不覺食指大動，愛不釋手。

——大衛．米契爾，《雲圖》作者

文筆犀利活潑，涵蓋內容廣泛；篇篇簡短，字字珠璣，隨手一冊，便足以徜徉於哲學荒野。

——愛蓮米克．布朗娜．戈登—史密斯（Eleanor Gordon-Smith），《不合邏輯的故事》（*Illogical Stories*）作者

本書妙語如珠，發人深省，以寥寥數語探究哲學，而且內容廣泛，如同百科全書，從亞里斯多德討論到人工智能之父圖靈。作者思考自我的本質，談論人們如何看待和理解世界，以及我們會用哪些幻想來自我安慰。讀之有伊比鳩魯派的歡喜愉悅。

——米克．布朗（Mick Brown），《精神旅遊者》（*The Spiritual Tourist*）作者

專文推薦

不停從各種角度追問真理的樣貌

林靜君（台灣高中哲學教育推廣會理事長）

「你會說自己『信仰』某一位哲學家嗎？」

我曾經如此問我的哲學啟蒙老師。哲學所探究的面向既然涵蓋人類所有好奇的事物，而古往今來的哲學家這麼多，我該如何尋找一盞明燈呢？

「我不會說自己『信仰』某一位哲學家，我會說：『在這個議題上，某一位或某幾位哲學家的觀點特別引起我的興趣。』」老師的回答粉碎了我的迷思，一個在台灣受教育者可能習以為常的迷思：標準答案在哪裡？在A、B、C、D四個選項中，哪一個最可能是對的？哲學思辨卻要我們停止對唯一正解的盲目追求，轉而以「不停地從各種角度追問真理的樣貌」取代。

自二〇一四年起，我在任教的南港高中進行哲學教育，將哲學思辨作為思考的工具，我們探討諸如「永遠都不能說謊嗎？」、「活著的意義是什麼？」、「墮胎是否應該合法並且納入健保？」等議題，見過無數青少年在哲學課中困惑、質疑、頓悟，又立刻被下一個提問突襲得滿臉問號，帶著更多的疑惑走出教室。剛開始，我擔心學生們誤以為哲學就是各說各話，既然沒有標準答案，無法考試，不會出現在升學科目中，因此無須認真以對。然而，學生們課後會相聚討論，在下一次上課時提出挑戰，我看見了追求知識的熱切神情，因為他們逐漸領悟：「哲學沒有標準答案，但有好答案的標準」。

本書涵蓋與你我生命議題相關的重要範疇，在每一個主題之下由多位哲學家輪番上陣，提出各自的理論，提供思考的角度。透過這些角度與切面，我們可以更深刻地思考「我們該如何與他人相處？」、「存在的意義究竟是什麼？」、「人工智慧將改寫藝術的定義嗎？」，乃至「戰爭是可以避免的嗎？」等問題。

有趣的是，本書在引介哲學家的觀點之前，總是以日常生活的情境開門，因而像是私人諮商師，邀請讀者暢談那些困擾許久的疑問。每一則的篇幅都很輕巧，適合個人閱讀，也很適合作為課堂教材。

哲學是門大學問，這本書可以作為哲學的敲門磚。哲學家不會聲稱自己為唯一真理，所以讀者們可以盡情帶著批判思考與哲學家們對話。更好的是，組個讀書會吧！和朋友一起閱讀這本書、相互對話、作更多的延伸閱讀、和更多人對話；不停地，從各種角度追問真理的樣貌。

專文推薦

引領讀者踏上愛智之旅

鄭凱元（哲學新媒體共同創辦人、執行長）

就算沒有念過哲學，只要書讀多了，總會時不時看到有人引用笛卡兒的「我思故我在」，或是提到尼采的「永劫回歸」。這些概念或主張到底是什麼意思？哲學家為什麼要提出這些東西？它們又為什麼重要？有心的讀者可能會進一步去找哲學史或哲學家的專書來讀，但很可能一開始就被錯綜複雜的思想史脈絡、以及一個接著一個的術語和抽象概念給擊倒，最後仍然不得其門而入。

《口袋裡的哲學課》作為一本哲學觀念入門書，能夠點燃讀者的好奇心，幫助初學者踏出愛好智慧的第一步。每個你可能看過的哲學觀念，作者都可以在兩頁的篇幅內提出簡明扼要的解釋，並輔以各種具體案例或讀者熟悉的影視作品加以說明。正如英文書名「迷你哲學：大觀念的小書」所示一般，這是一本短小但精悍的哲普書。整本書提到了九十五位思想家，除了常見的西方哲學家之外，還包括同類書籍較少涉及的中國、日本、阿拉伯哲學家，甚至還有物理學家、心理學家與科幻小說家等等。全書分為十大類、超過一百三十個的哲學觀念，你不一定全都感興趣，但你好奇和關心的項目肯定在其中。

一本包羅萬象、涵蓋面如此廣泛的哲普書，該怎麼閱讀？很簡單，你可以隨機翻到某一頁就開始讀。如果感覺引不起你的興趣，就再隨機翻頁閱讀，不用擔心因此無法理解其他的篇章。如果某個篇章讓你覺得有趣，那就接下去讀，直到該類別的內容都讀完後，再回過頭去查這些篇章被作者劃分到什麼類別。很有可能，你會因此發現你對「科學和心理學」、「知識和心智」的興趣，高於「文學和語言」或「藝術」。或者你也許會意外發現，其實你最關心的是「日常哲學」和「存在主義」，而非你以為的「社會和人際關係」。這樣的自我發現可以作為一個途徑，指引你在未來該往什麼方向去拓展你的哲思之旅。

另一方面，雖然本書不是以哲學史或思想史的順序來書寫，但讀者仍會在書中發現哲學家之間的交互影響。比方說你會在介紹恩格斯和福山的篇章中，發現他們的想法都受到黑格爾的影響；或者你會看到某個哲學家的名字——像是康德或休謨——重複出現在某個類別的內容之中。如此便可發現，若要進一步了解該類別的哲學思想，這些（你可能沒聽過的）哲學家或許就是不容錯過的人物，值得再花點時間多認識他們一些。

作為一個推廣哲普的平台，「哲學新媒體」的理念之一就是如作者在序言中所說的，哲學除了與生活息息相關，也應該要很有趣。就是這份有趣，讓我們不滿足於習以為常的思維模式，而渴望去了解那些更深入的、能拓展自己眼界的想法。在此推薦這本充滿趣味又平易近人的入門書，盼望本書能夠引領你一同踏上愛智之旅的道路。

目次

2 存在主義

存在主義是拒絕去做別人認為我們「必須做」的事情。它要求我們掌控自己的生命。

3 藝術

親近藝術是作為人的基本要素之一，而哲學可以解釋人為何有這種需求。

4 社會和人際關係

我們不得不生活在社會之中，我們生來就是如此，這種特質深深銘刻於基因。

5 宗教和形上學

上帝、眾神、天使、惡魔、鬼魂和靈魂都是形而上的。
對許多人而言，對錯、美麗、愛戀或意識等事物也屬於形上學。

6 文學和語言

所謂文學，
便是使用語言探索連哲學都有所疏漏的真理。

7 科學和心理學

科學研究的是這個世界，但是在本書中，
科學是用來研究人類的一面鏡子。

8 日常哲學

哲學已經融入日常生活的各種層面，
總是能讓生活更美好。

9 知識和心智

心智就是你的思想，喋喋不休，
你無從逃脫。

10 政治和經濟

政治，乃是集眾人力量所做之事。

本書獻給兩位我最喜愛的哲學家
譚雅（Tanya）弗雷迪（Freddie）

作者自序

哲學應該要很有趣

哲學這門學問有時自帶某種光環，讓人望而卻步。我不確定這是否因為明明可以說「錯誤」就好，哲學家卻經常用「謬誤」這種措詞來取代，或是因為他們習慣每幾句話就要信手拈來幾個古希臘語單字。然而，討論哲學不一定非得如此，為了證明這一點，我才會動念寫這本書。

哲學應該與生活息息相關，應該是實用的，也應該易讀、易於理解。但最重要的是，它應該要很有趣。

在本書中，我用可以輕鬆理解的方式解釋哲學思想，讓讀者引起共鳴。當然我無法完全不使用冗長、複雜和虛構的詞語，但一旦我使用了這些詞語，我會盡量在每篇結尾之前把這些字解釋清楚。如果各位聽過柏拉圖、笛卡兒或西蒙・波娃之類的名字，卻不太清楚這些哲學家的論點，本書就很適合你們閱讀。假使各位想了解「結構主義」、「現象學」或「存在主義」的真正含義，卻不想費力閱讀大部頭的哲學典籍之後仍然一頭霧水，不妨翻閱一下本書。我希望讓哲學走出令人生畏的象牙塔，讓讀者閒暇時能在客廳、咖啡店或上班通勤時輕鬆掌握各類哲思。

各行各業中的人只要熱衷鑽研某項主題，往往都不太願意用三言兩語來解釋該主題，因為這樣有可能或多或少貶損這項主題。然而，我們偶爾只需要踏出第一步，或者找到一個切入點，便能踏入看似深奧的知識殿堂。因此，如果一切按計畫進行，本書會讓各位愛不釋手，會一直想閱讀下去，從而理解眾多哲學家的想法。簡言之，本書提供的是一張探索哲學的路線圖。

我深信每個人其實都有好奇想問的哲學問題，而且人人都能成為哲學家。我們不妨踏出第一步，看看歷來最偉大的思想家提出過哪些想法。

1 倫理學

你每天都需要做出許多「倫理學」的決定。你所做的事情只要影響另一個人，那麼這件事在某種程度上都隸屬倫理學範疇。倫理學既是討論偷竊、殺戮、撒謊、助人或關懷他人等的「對錯問題」，另一方面，也是探討人的性格問題，關乎勇氣、忠誠、誠實、慈愛和美德。

倫理學是關於好行為與壞行為，或者好人與壞人的探究。

柏拉圖談如果人可以隱形會怎麼樣

試想你正在散步，遇到了一位眼歪嘴斜、滿口暴牙的醜老太婆。她給了你一枚魔法戒指！你拿了這個奇妙的小禮物，隨時可以隱形，想去哪裡就去哪裡，想幹什麼就幹什麼。沒人能夠看到你。但問題來了：你會用戒指做什麼？你會如何運用這種力量？

這個「裘格斯戒指（ring of Gyges）思想實驗」首次出現在柏拉圖最著名的作品《理想國》中，以此質疑是否有天生「正義」的公民。在這本書中，柏拉圖讓老師蘇格拉底聲稱正義不僅是有權有勢者所說的那樣，而他不認為人人都是厚顏無恥、自私自利。然而，格老孔（Glaucon）這個角色極度懷疑世人的真，便以裘格斯[1]的戒指故事為喻，駁斥蘇格拉底的理想主義和崇高觀念，因為蘇格拉底認為人人皆誠實和心存正義。

格老孔認為，人只要戴上這枚戒指，立即會利益薰心，拿它來謀取私利。人一旦有了這種力量，正義、道德、法律和高雅莊重立馬就會被棄之如敝屣。柏拉圖（以格老孔的身分）寫道：「如果有個人獲得了這種隱形的力量，卻從不做壞事或竊取別人的東西，他便是……最可憐的白痴。」

不妨去問問朋友，他們若有這種能力的話會怎麼做。你也捫心自問。答案可能很有趣、很古怪，也可能讓你感到不安。在你的內心深處，你真的不會想要去偷竊、侵入別人土地、襲擊……

或者幹更壞的勾當嗎？多數人可能不會承認這一點，但不少人肯定閃過這種念頭，甚至幻想去做這些壞事。

裘格斯的戒指不會腐蝕人心，而是揭露人的真實本性。每個人的內心都潛伏著一名小暴君。我們礙於社會的道德規範，鄰居也會從柵欄外窺探我們，所以我們才會中規中矩，維持良好素行。唯一能讓我們舉止正派的，就是我們在乎別人的評價和論斷。

假使格老孔的思想實驗正確無誤，我們就得謹慎看待政客、領袖或大型企業。我們需要有制衡的力量，或者讓權威人士約束我們的言行舉止。要追求正義，就得不斷嚴格執法和提高透明度[2]。或許國家機密、企業詐欺和政客謊言，都是活生生的現代版「裘格斯戒指」故事？

1 呂底亞（Lydia，小亞細亞，今土耳其）國王的牧羊人。他無意中獲得一枚金戒指，得到隱身能力，最後潛入皇宮，色誘王后，謀殺了國王，篡位奪權，成為呂底亞之王。

2 指企業揭露的資訊愈多愈好，藉此避免風險，或者讓政治更為開放，以此制衡政府。

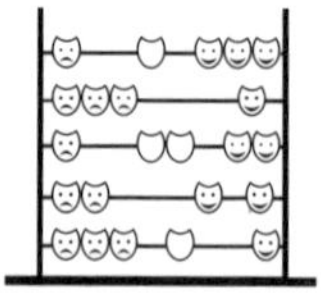

邊沁談道德可以計算嗎

如果有辦法計算出哪些是對的事情，那會怎麼樣？能有一個簡單的工具可以告訴你何時該如何表現，那不是很棒嗎？

這正是十八世紀英國哲學家傑瑞米・邊沁（Jeremy Bentham）試圖用他的**快樂計算**[3]所做的事情。

邊沁號稱規範（思考人應該如何行動）倫理學理論之父，這種理論就是功利主義（utilitarianism），指出行為是對或錯，取決於它帶來的後果。具體來說，如果做某件事能帶來更多的效用或樂趣，它便是對的；假使它帶來災難或痛苦，那麼它就是錯的。套句邊沁的話：「最多人的最大幸福，就是衡量對與錯的標準。」

因此，邊沁認為，劫富濟貧的俠盜羅賓漢是有道德的；美國舊西部時代著名的搶匪布屈・卡西迪（Butch Cassidy）則沒有。對抵抗軸心國的同盟國而言，第二次世界大戰是好的；企圖征服世界的成吉思汗不是好的。殺一人救十人是對的，發動戰爭去搶回被劫走的公主則是不對的。簡而言之，就是要讓人快樂並逃避痛苦。要留意自身行為所帶來的後果。

然而，這裡有一個大問題：如何確定我們的行為帶來的到底是正面或負面的淨結果？邊沁給的答案：快樂計算！

邊沁說我們應該根據七個不同的標準來計算所有行為帶來的快樂和痛苦：強度、持續時間、可能性、接近程度、繁殖力（行為能否營造更多的快樂？）、純度（痛苦會製造更多的痛苦嗎？）和程度。我們對這些了解得愈多，對自己行為的後果就了解得愈多也愈透徹。

因此，你可以運用快樂計算，寫下你的行為結果總和，把總數相加。瞧！現在你該知道如何行動了。還有什麼比這更簡單的？這是數學時代的道德，是理性的人可以掌握的道德。你再也不用擔心了！

……期待你能花上一到兩個小時，把一切都算出來。

3 快樂計算（hedonic calculus），又譯幸福計算法。

亞里斯多德談中庸

人人都想在對的時間做對的事。我們都想要有德行。但我們如何隨時知道什麼是正確的事情呢？我想要展現勇氣，但怎麼樣才能夠避免行事魯莽呢？如果我想表達禮貌，該如何做才不會顯得過於勉強？何時展現自信會變成舉止傲慢？何時表現慷慨會成為降尊紆貴？

柏拉圖的學生亞里斯多德在他的《尼各馬科倫理學》回答了這個問題。他將解決方法稱為「中庸之道」（golden mean）。

亞里斯多德認為，所謂道德行為或做正確的事，歸結起來就是有美德。我們透過練習、重複和模仿他人舉止，便可讓自己展現美德。你想要成為親切友善的人嗎？只要經常做善事即可。你想要顯得寬容嗎？不妨效法你認為寬容的人。只要**去做**，便能**學會**。亞里斯多德有一句名言：「我們反覆所做之事便展現我們本身。是故，美德並非一種行為，乃是一種習慣。」

然而，隨時要知道何謂善行並不容易。每一項道德決定，每一項選擇，都是獨一無二的。在某種情況下，某種舉動是勇敢的，但換了情況，它便是懦弱的。昨天說話誠實可能是好的，但今天說出實話，卻是殘酷的，會讓人痛苦。如此一來，我們該如何做呢？

亞里斯多德認為，好的行為是兩個極端之間的「中間值」。有過度的惡和不足的惡，美德介於兩種惡之間。勇氣是魯莽和怯懦的中間值。禮貌介於沉默和熱情之間。慷慨不是吝嗇，也不是揮霍。簡而言之，正如古希臘詩人海希奧德（Hesiod）所寫：「凡事講求中庸。」

然而，要能找出「中庸之道」並不容易，需要多加練習。你需要累積經驗，汲取智慧，亞里斯多德稱之為「實踐智慧」。我們舉止良善，修德養性，過了一段時間，便可熟練這項技能，如同到健身房鍛鍊出肌肉一樣。我們具備了實踐智慧，便能下意識找出中庸之道。我們將具備美德，隨時隨地知道該做什麼和該說什麼。或許有朝一日，年輕人會效仿我們的德行。

康德談如果人人都這樣做會如何

如果每個人的言行舉止都跟你一樣，那該怎麼辦？這樣的世界會是美好、善良和幸福嗎？還是會讓你感到厭倦？假使全人類都在效法你的所作所為，你該如何自處？你的行為舉止會不會反而受到影響？

這是十八世紀德國哲學家伊曼努爾．康德（Immanuel Kant）**定言令式**（categorical imperative）[4]第一個表述背後的想法。

康德曾經寫道：「有兩件事物讓我心生敬畏：頭頂上的星空與我內心的道德準則。」他認為人的內心都存在絕對的道德感，而我們有幸能夠擁有並揭示它。這種道德準則只能透過奇妙的人類理性來運用。因此，道德就是運用理性（而非「熱情」或「直覺」）。

康德認為，人根據理性去確定了某些生活中該遵守的「格言」（maxim），也就是某種道德準則或行為指導。我們隨時隨地都會看到不少的格言，而人作為道德行動者（moral agent），必須決定遵循哪一條格言。如果將理性運用得當，便可知道哪些格言應該成為「令式」（表示必須做的事）或成為我們的義務。

理性可以透過三種方式做到這一點（康德稱為「表述方法」〔formulation〕）。第一種方法最廣為人知，稱為**可普遍化**（universalisability），可用一首比較鮮為人知的保母包萍[5]歌詞來比喻，說穿了，就是要我們想像：「如果每個人都這樣做會怎樣？」全世界的父母都曾搖著手指說出這句話告誡胡鬧的小孩。

茲舉「如果你想撒謊，就會去撒謊」這樣的格言為例。假使人人都這樣做，撒謊就變得非常尋常，司空見慣，到了最後，真假難辨，一切毫無意義，人就不可能說謊了（謊言便是「故意捏造的非事實」）。最初的格言就內爆了。或者，如果每個人都不遵守隔離規定，而根據定義，隔離的概念就會煙消雲散。對通姦或竊盜也可以舉出類似的例子。

這些格言一旦成為人人都遵守的法則，就會自我毀滅。因此，我們必須說實話和遵守防疫隔離規定。這些自我毀滅的邏輯類型就是康德所說的人的**絕對義務**（perfect duty）。

另有一些事物被康德稱為**非絕對義務**（imperfect duty）。它們之所以不完全，因為它們不僅要人運用理性，還要我們依靠偏好或需求才能驅使自己去做這些事。例如，根據邏輯推演，「絕對不幫助別人」這句話不會內爆，但每個人若是遵守這條法則，這個世界會相當悲慘。

「定言」（categorical）這個詞表示「為了自己的利益所做的事情」，就像看電影純粹只是為了娛樂。這樣解釋之後，各位現在應該可以稍微了解什麼是「定言令式」。

因此，下次你進退兩難，內心受道德煎熬，不知道該如何做的時候，不妨使用康德提供的簡單工具。花點時間推理一下：如果人人都這樣做會如何？

4 「定言令式」（categorical imperative），無條件直述命令句「就是應該這麼做」，指道德主體展現具有道德價值的行動時所應具備的條件。「定言」概念相對於「假言」（hypothetical），指某項行動純因本身是道德的而產生，無外在的條件。此外，康德認為人同時具有感性與理性，但感性經常支配理性，使人無法表現善行，甚至違反道德，因此道德法則必須以「命令」（義務）的方式呈現。

5 英國作家崔弗絲的兒童文學小說人物。

蘭德談利己主義

如果做了好事不能在社交媒體上炫耀，又有什麼意義呢？假使沒人讚美你，為何要行善布施？要是做了好事，一定要讓人看到！

歡迎各位踏入艾茵．蘭德（Ayn Rand）的「理性利己主義」（rational egoism）世界。請盡情享受一切，並且（只要）關心自己。蘭德出生於二十世紀的俄羅斯，她認為人照顧自己是理所當然的。與任何人往來、採取行動或追求欲望時，應該看看是否有利於自己。某件事愈能滿足你的自身利益，你便愈有動力去做這件事情。

你會捐錢給慈善機構，因為這樣會讓你的朋友認為你是個好人。你會幫助鄰居修籬笆，因為你可能需要他在下一次狂風吹襲之後也幫忙你。如果你已婚，那是因為婚姻給了你想要的安全感、讓你感到幸福，或者你可以生育孩子。一切都是精心計算過的。我們有時要坐下來捫心自問：這樣做對我有何好處？從「理性利己主義」的角度來看，每一項行動都是根據它對你有何作用來判斷。

如果你的生活因某項行動而更糟糕，遵循這條路線就完全不合理。犧牲生命（蘭德認為，除非你有自殺傾向）**總是**不恰當的。簡而言之，一切都該從是否有利於你的角度（亦即它能給你什麼回饋）來看待。在蘭德的世界，每一次互動都像雙方根據法律簽訂的合約，人人都試圖根據理性替自己爭取最好的結果（當然，這樣仍然可能讓雙方都受益）。

對於蘭德，人們要麼恨她，要麼愛她。她可能遭人曲解或被視作微不足道。例如，她說人必須「有精神病」，才能不出於某種道德觀而衝去幫助受傷的狗或另一個人。不過，蘭德認為，這樣做源於一種普遍想法，亦即「善有善報，惡有惡報」。如果人人通常都會互相幫助，對所有人來說，這樣會更好，幾乎就像一種利己的業力（類似於伊比鳩魯的想法，請參閱第二三四頁〈伊比鳩魯談快樂〉）。

因此，如果有人要你犧牲自己或放棄任何利益，問他們為何要如此要求你。把自己擺在其次，到底符合什麼理性？人既然擁有智慧，為何要放棄自己？

孔德談利他主義

你回家過耶誕節，家人都在另一個房間看電視。你四處翻找零食，發現一盒高檔巧克力被打開了，但只剩一顆巧克力。你最愛吃這種巧克力，但其他人也很喜歡。就在那一刻，你的內心成為利己主義和利他主義角力的戰場。哪個會贏？你會吃掉巧克力嗎？

法國哲學家奧古斯特・孔德（Auguste Comte）創造「利他主義」（altruism）這個詞。他認為，人必須刻意堅定意志，才能勝過內心的利己主義。利他主義能夠獲勝，但前提是我們必須花時間訓練並加強它。

孔德自認為很了解人性，提出的許多論點都是基於今日所謂的「演化心理學」（evolutionary psychology）（他於一八五七年去世，兩年後達爾文才提出《物種起源》）。在孔德眼中，人都是被強大的「情感力量」（affective forces）所驅使，而這些力量絕大多數偏向利己主義，人的自然狀態便是照顧好自己並獲取所能得到的。

然而，孔德認為我們並非受制於生物本能，或者我們的驅動力某種程度是事先注定好的。人有不可思議的頭腦，足以超越或逃避遺傳宿命論（genetic fatalism）。這就是為何我們的「性格」（或者稱之為「個人主義」）與「集體主義」（collectivism，表示人要互相照顧）似乎總不停激烈爭戰。這便是「我」對上「我們」的局面。

為了贏得這場戰爭，我們可以訓練自己去克服天生的利己主義，變得更加「關心別人」。其實，我們平時經常這樣做，好比多數人會替別人撐住門，讓他們進出。這樣做對我們根本沒有好處，卻能幫助他人。更重要的是，多數人根本想都沒想，每天都這樣做。可以透過這種方式將利他主義灌輸到腦中，使其深植於心。

對於孔德而言，這都不是小事。它牽涉所有人能否過快樂和「穩定」的充實生活。「只愛自己」的利己主義者鐵定會陷入「無法控制的興奮」，換句話說，他們會愈要愈多（一百年之後，叔本華呼應了這種情緒，請參閱第六二頁〈叔本華談無聊〉）。人礙於性格，只會關注自己永不滿足和善變的欲望。若想真正感到滿足，就要否定你的性格（個人主義），完全為某人或某事而活。完美來自於將我們的同情心投射到這個世界。

因此，如果你還在掙扎該不該吃那顆巧克力，務必忠於你更高等的人類能力（human faculties）[6]。你根據直覺，就會想一口吃掉巧克力，但你能克制自己。你不是生物機器，被人隨意寫入程式，只想獲取你能得到的東西。心存利他主義，人就會更為強大，可以享受更深層的幸福。

6 心理學指身體或精神的官能或機能，有時指心的能力，好比意志力或推理能力。

阿貝拉德談最好的意圖

兩個人站在法庭上受審。第一個人為了開玩笑而開槍，不料子彈打到一棟建築物之後彈開，殺死了他的朋友。第二個人尾隨前女友回家，然後朝她開了一槍。他槍技不佳，結果沒打中，所以他決定不殺前女友了。誰應該受到更嚴重的懲罰？第一個人會因為倒楣透頂而被判無期徒刑嗎？第二個是否會因為「道德運氣」（moral luck）[7]而只受到輕微的懲罰？

這正是十二世紀哲學家兼詩人彼得・阿貝拉德（Peter Abelard）所關心的問題。

阿貝拉德著書立說的時候，教會是社會上勢力龐大且無處不在的道德中心，有權認定哪些行為是對或錯。無論行動者的意圖或預想為何，亂倫、盜竊或褻瀆神靈之類的事情絕對是錯誤的。

阿貝拉德認為這很荒謬。他反而認為，某項行為是否符合道德，完全取決於行動者的意圖。他舉了一個例子，說有兩兄妹出生時便分開。兩人多年之後相遇並墜入愛河，但完全不知彼此之間有血緣關係。在阿貝拉德眼中，兩兄妹沒有犯罪。但對於教會而言，他們罪該萬死。

今天看來，這似乎是常識，但在阿貝拉德的時代，這種想法是革命性的。他甚至敢說性愛不是罪！他指出男女結了婚便可在教會的認可下享受魚水之歡，但沒有結婚，性便成了肉體的罪惡，那麼性行為本身顯然與道德無關。

他還提出更具爭議的想法，認為殺害基督的人不該受到譴責，因為他們不知道基督是神。甚至耶穌最後也說：「赦免他們！因為他們所做的，他們不曉得。」[8]

當然，這跟道德問題一樣，事情並不總是那麼明確，黑白分明。我們如何才能確定行動者的意圖？凶手幾乎不會承認自己有預謀，因為他們非常清楚，坦承之後會有什麼後果。阿貝拉德如此回答：「上帝會知道的。」然而，如今看來，這種說法還不夠好。因此，現代的世俗法庭必須權衡各種性格研究，交叉參考所有證據以及考慮情況是否合理。這一切都非常困難，而且極易犯錯。

此外，無知和疏忽之間的界限為何？「我不知道持槍很危險！」以此為開槍辯護，會是合理的辯詞嗎？我們在稍後的篇章第四四頁〈克利福德談信念倫理〉會看到，我們希望人們做出多少努力去自我教育？我們應該對自己行為所造成的影響懷有多清楚的認知？

儘管有這些陷阱與危機，阿貝拉德對於道德和後續的世俗法律貢獻良多。他身處的年代充滿迷信，人們的態度反覆無常，但他卻秉持理性，照亮塵世，我們如今享有的法律制度便是站在他的肩膀上。

---

7 非人為能控制卻會決定行為人是否有道德的因素，哲學家將其稱為「道德運氣」。

8 語出《路加福音》第二十三章第三十四節。譯文出自《和合本》。

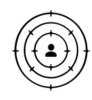

辛格談偏袒

「平等」是人們常說的最大謊言。我們十分偽善，聲稱自己對每個人都一視同仁，或者號稱人人平等，但我們幾乎每天都在歧視別人和抱持偏見。更糟糕的是，我們甚至不認為這樣是錯誤的。

捫心自問以下的問題：假如你母親和陌生人都在垂死邊緣，兩人之中只能救一個，你會救誰？你會把遺產留給誰？為何你會捐腎給孩子，不會捐給陌生人？

在上述情境之下，我們會更看重某些人，並且對他們更好一點。如果這不算歧視，那是什麼？

澳大利亞哲學家彼得・辛格（Peter Singer）於一九八一年出了一本書，名為《擴張的圈子》（*The Expanding Circle*）。他在書中提出「擴張的圈子」概念，關注的就是上面提到的問題。

人們會偏袒自己的朋友和家人，從而歧視別人，而辛格試圖探討這種在他眼中顯然是不道德的行為。

演化生物學家理查・道金斯（Richard Dawkins）在他一九七六年出版的《自私的基因》（*The Selfish Gene*）中指出，根據演化心理學，自我照顧是很自然的，因為這樣能夠保護個人和家庭的基因。因此，人的利他圈子（altruistic circle）很窄，我們只會從事有利於進化的行為。道金斯並末直言指出我們應該順從演化趨勢去做事，但他的確聲稱，這樣做是「自然且合理」的。

然而，辛格認為，某件事固然可能是生物或演化「事實」，但並不表示它**符合道德**。事實本身並不構成義務，「是」不會轉變成「應該」。

辛格認為，人不僅是簡單的生物，受生理所啟動或觸發，人也有獨特的理性。著眼於演化心理學時不知變通，便是貶低整體的人類情況。人可以擺脫作為生物的宿命。

綜觀歷史，人類不斷運用理性去「擴張圈子」。如果我們只聽信道金斯的說法，我們應該只會關心自己、孩子或者頂多是我們的近親。然而，人總是會用理性來創造價值和系統，以此擴張我們的同理圈（empathetic circle）。首先，我們會關心家族，然後是部落，再來是國家。辛格在想，為何不去關心這個世界？我們憑藉理性和道德，便可按照尊重所有人的尊嚴和價值觀過生活，根本無須在乎別人與我們是否有血緣關係。甘地認為這種想法很有吸引力，請各位參閱第三〇〇頁〈甘地談非暴力〉。

辛格相信，人人都能擴大同理圈，可以將自己的社會生物歧視轉變為真正的利他主義，以及去關心更多的人，最終能夠關懷全人類。辛格認為道德不是「理性對上情感」，反而認為理性是建立在我們天生的同情心上，而且還會讓我們更能夠去同情別人。理性會將我們對人的關懷向外拓展，以此納入更多的人。

那麼，你偏愛兄弟是錯誤的嗎？只把錢留給孩子，這樣好嗎？這樣做可能出於「天性」，但這是否「正確」呢……？

康德談如何不善待人

你正在和同事共進晚餐，有人彈手指說：「服務生，這邊！」有人下了計程車，沒有跟司機打過招呼、說聲再見或謝謝。有人綁架了一位小男孩，要求贖金一百萬美元。政府殺死賣國賊，防止其他人也起心叛亂。以上這些例子有何共同點？

對於伊曼努爾・康德而言，他們都把人當作達成目標的手段，而且他們都錯了。

康德對人類的「理性」（rationality）甚為著迷。他認為這是人擁有的最大資產。當然，我們擁有理性，最棒的是便可據此挖掘對與錯。我們先前看到（請參閱第二六頁〈康德談如果人人都這樣做會如何〉）康德如何只運用理性去構建「定言令式」的第一個表述，而他的第二個表述則被視為第一個表述的延伸。然而，確實需要瞇著眼睛細看，並且參閱另一本書（《巨觀哲學》（*Mega Philosophy*）），才能確切了解其中緣由。

對於康德來說，人既然有理性，便享有絕對的尊嚴，因此我們為人處世，始終要尊重這點。我們都應該「善待他人……，無論任何情況，皆是如此。要將人視為目的，而不僅是（達成目標的）手段」。人不是被操弄的工具，也不是我們手中的棋子，而是擁有自身的內在價值。每個人都很重要。

康德主張這一點的基礎是，每個人都**主觀**認為自己的存在是最重要的。我認為我很重要，我相信你也自認如此。這個世界是由所有作為主觀實體的人所組成，因此我們可以聲稱，人人都有享有這種價值。如果我們都認為自己不受任何限制就擁有價值，這個世界便可說是由有價值的人所共同組成。

當然，康德並不天真。社會依賴人們彼此服務、幫助和勞動才能運轉。這就是為何他的表述刻意寫成我們不應該「僅僅」或只是將他人視為一種手段。我們必須體認服務生、計程車司機或犯罪的人，因為他們都具有價值。康德一生善待他的男僕藍普，甚至將他寫進了遺囑。

因此，當你不確定該如何對待某人時，不妨自問：「我尊重這個人的人性嗎？還是我像使用工具一樣來對待他？」這項生活法則簡單可行。

阿奎那談發動戰爭

國家何時應該開戰？何時使用武力是合理的？為何多數人認為西班牙征服新世界是錯誤的，而諾曼第登陸卻被視為英勇的行為？**你會在什麼條件下奔赴沙場？**

十三世紀的義大利學者聖托馬斯·阿奎那（St Thomas Aquinas）將他的僧侶思想轉向了這些問題。他被公認為發展理論替**正義戰爭**（just war）辯護的主要人物之一。阿奎那根據基督教神學家奧古斯丁（Augustine）早期的類似構想，在他的《神學大全》（*Summa Theologica*）中指出，只要戰爭符合三項標準，便是「正義的」，或道德上可接受的：

(1)必須由「具有權威的君主」（如今可說「受到公認的國家」）授權發動戰爭，不能出於個人野心，一時興起便去發動戰爭。因此，不列顛東印度公司（East India Company）在一七五七年於印度東北部的普拉西（Plassey）與當地孟加拉人決戰是不正義的，因為它是一家私人公司，只會考量董事的利益。

(2)必須出於正義而發動戰爭，懲罰任何「應該因其所犯過錯而受到攻擊」的人。因此，北約在雪布尼查大屠殺（Srebrenica massacre）之後對波士尼亞的干預是正義的。任何出於人道的干預也是如此。

(3)發動戰爭時必須造成最少的苦難，致力於解決紛爭與尋求和平，從而「揚善去惡」。一二〇九年，熙篤會修士阿爾諾・阿莫里（Arnaud Amalric）擊敗了法蘭西的迦他利派（Cathar）[9]，然後決定屠殺貝濟耶（Béziers）的全部居民（阿莫里說道：「殺光所有的人，上帝知道哪些是祂的子民！」）。他可是大錯特錯。

我們如今很少談論「正義戰爭」，而是談論「使用武力的正當性」，目前各國領導人贊成戰爭的論點，通常都是根據阿奎那的這套標準而改編的。聯合國目前對於「正義戰爭」的定義非常狹隘：《聯合國憲章》第五十一條指出，唯有出於自衛而發動的戰爭才是正當的，不能發動戰爭來侵略他人（但阿奎那認為，這是有可能的）。這種定義是否太狹隘了？是否有時戰爭或軍事干預可能是正當的？或者，正如聯合國憲章所暗示，戰爭是否只能當作最後的防禦手段？

9 異端教派，十二世紀和十三世紀時盛行於西歐。

辛格談物種歧視

你認為後代子孫會如何評判我們？你認為當我們講述現在的情況時，我們的兒孫輩會震驚嗎？可愛的孩子未來可能會在看電視時問道：「奶奶，以前為什麼沒有人說歧視是不對的？」

當代哲學家彼得．辛格（Peter Singer）可能會說，我們可能會因為如何對待動物以及我們如此做的偽善行徑（hypocrisy）而遭到子孫嚴厲批判。辛格要我們去思考，想想可以給出何種倫理和哲學理由來解釋我們目前對待動物的方式。簡而言之：多數人**為何**認為人類比其他動物更有價值（人類至上）？

「物種歧視」（speciesism）是辛格在一九七〇年代開啟的環境和動物倫理學問題討論。套句他的話，這種態度就是「偏袒自身物種成員的利益，貶抑其他物種成員的利益」。

如同所有歧視性的「主義」一樣，我們有這種偏見，乃是礙於習俗而僵化，也是未能從批判角度去審視自己的信念。

辛格經常指出，他並未說所有的生命都具有同等的價值（他本人重視「自我覺察」〔self-awareness〕），而是說所有物種都會感受到痛苦，也有求生存的意願。此外，權衡行動後果利弊的倫理理論都必須考慮全部的物種，不能只顧到人類。

辛格的物種歧視討論融入了他的功利主義（utilitarianism，檢視可預測的痛苦與行動所帶來的快樂，以確定行動是對或錯）。他認為，所有道德決定都應考慮行為的影響，不能只考慮人類，也要考慮對動植物和自然界的影響。為何行動時只會考慮能否給人類帶來快樂？

時值二十一世紀，我們更傾向於認同辛格的觀點。如今，許多人認為鬥牛或鬥狗這類血腥運動是不道德的。不能只為了給人類取樂而讓動物受苦。因此，我們如今評判行為是否道德時，確實會考量到動物。然而，仍有許多人認為，吃牛排的樂趣超過了肉牛求生存的意願。辛格可能會指出：我們是根據何種道德標準來禁止犬熊相鬥（bearbaiting）[10]，卻同時允許人們設立養雞場？

以下說法或許更具爭議性。辛格認為，物種歧視是一種過時的邪惡偏見，人類日後回首往事時將會厭惡物種歧視，如同我們如今痛恨種族主義和性別歧視。如果我們除了偏見和傳統之外，找不出任何正當性去虐待能感知痛苦、建立關係的所有生命，那麼，我們還應該繼續歧視行為嗎？

10 古代的取樂方法，縱容犬隻與拴著的熊相互打鬥。

津巴多談變成惡者

你有沒有想過，假使你出生在納粹德國，你的言行會有何不同？在你的內心深處，你認為自己與別人不同嗎？你從未做錯任何事，因為你被告知要這樣做或只是為了被人接受而中規中矩？如果讓你穿上一件制服、給你一個頭銜以及讓你不受任何拘束，隨意做你想做的事，你認為自己會幹出什麼事？捫心自問這些問題，你的腦海裡沒有任何會評判你的聲音。

第二次世界大戰之後，不少社會心理學家想要找出這些問題的確切答案，以此找出納粹德國時期發生大屠殺的理由。德意志民族深受歷史薰陶又具備知識傳統，怎麼會轉變得如此迅速？

美國心理學家菲利普．津巴多（Philip Zimbardo）在一九七一年進行了著名的「史丹福監獄實驗」（Stanford Prison Experiment），將七十五名成年男子置於監獄環境中，其中二十四人擔任「警衛」，擁有看管工具並接受指示，其餘的人則是「囚犯」。某些警衛愈來愈專制、殘暴和嚴厲，原本實驗預計為期兩週，僅僅六天之後便宣告中止。根據津巴多的說法，三分之一的警衛表現出虐待狂特徵。

哲學家和心理學家此後相繼指出，這項實驗表明人所謂的道德只是在社會允許的範圍內行事而已。津巴多認為，人的性格和道德被高估了，沒有考量到社會背景或壓力。我們只要能夠無法無天，穿上制服、獲得要扮演的角色之後，都會變成奧斯威辛集中營的警衛。

然而，這項實驗此後受到了不少批評和修正。

首先，有人批評津巴多本人未能保持公正，甚至扮演「邪惡監督者」（evil overseer）的角色，鼓勵受測者更加融入他們所扮演的角色。例如，津巴多給警衛戴上反光的飛行員眼鏡，如同一九六七年的電影《鐵窗喋血》中喜愛虐待囚犯的守衛所戴的那種眼鏡。整個局面變得非常失控，他的研究（兼生活）夥伴克里斯蒂娜·馬斯拉赫（Christina Maslach）不得不指出實驗已經變得非常可怕，津巴多才終於取消了實驗。

其次，目前尚不清楚有多少警衛真的變得瘋狂，從而表現出虐待狂的傾向。最糟糕的行為是由名叫戴夫·埃舍爾曼（Dave Eshelman）的警衛所犯下的。他聲稱自己有意識地創造了一個角色，讓研究人員可以研究看看。其他人為了「旁觀者效應」[11]而感到內疚，反而沒有積極參與。

儘管這項實驗有這些問題，津巴多的研究仍提出了重要的問題，讓我們誠實且深刻反思：如果我們擁有至高無上的權力，我們會做出什麼事？我們認為自己的道德和價值觀會延伸到何種程度？

11 旁觀者效應（Bystander effect），指事件發生時一個人在其他人也在場時出手援助的機率也隨之降低。

克利福德談信念倫理

從道德角度而言，抱持某些令人厭惡的信念是錯誤的嗎？我們是否只需要對自己的行為舉止負責，不用對自己的想法負責？或者，我們是否有義務去抱持某些信念或以某種方式思考，亦即所謂的「知識義務」（epistemic duties）？

英國哲學家威廉．金頓．克利福德（W. K. Clifford）在一八七七年的論文〈信念倫理〉（The Ethics of Belief）中便是如此認為。

先來講個故事。各位想像一下，有一位船東正在出售船票，乘客可體驗一次千載難逢的奇妙之旅。他有一種預感，感覺這艘船可能沒有想像中安全，但維修費用相當高昂，光是維修就會吃掉他的利潤。沒賣掉的船票又該怎麼辦呢？因此，船東不再多問，也對安全問題視而不見，畢竟，這只是他的**預感**。克利福德心想：船東應該為自己的無知而負道義責任嗎？他有義務提出問題嗎？

克利福德寫道：「無論何時何地，在證據不足的情況下相信任何事情都是錯誤的。」他和這項原則已成為「證據主義」（evidentialism）的象徵，表示我們應該只相信有證據支持的事情。

根據克利福德的說法，無論這趟「奇蹟之旅」是安全快樂或悲慘致命，船東都是錯誤的。船東沒有採取足夠的步驟去找出真相，他就犯下了錯誤。他沒有**窮盡智力**去找出證據。

同理，種族主義者無論是否犯下種族主義的行徑，都是不道德的。他們應該更努力去審視自身的信念。迴避、龜縮、扭曲或誤解證據根本不是辯護。刻意讓自己無知，無論處於何種時空，都是錯誤的。

地平說學會的人（flat-earther）、反疫苗者（anti-vaxxer）、陰謀論者（conspiracy theorist）和占星家是**不道德的**，同樣也是因為他們沒有努力去檢視證據。

這樣說當然有問題。誰能決定要做到何種程度才算充分尋找證據？我們會抱持哪些確認偏誤（confirmation bias）[12]，自然而然避開相互矛盾的證據？我們應該多麼重視某人的「意圖」（在第三二頁〈阿貝拉德談最好的意圖〉裡阿貝拉德反覆考慮的一個問題）？為何信念會牽扯倫理？為何只有克利福德談論這點？

克利福德的論點衍生出「信念對上行動」（beliefs vs. actions）的棘手問題，而這兩者之間的道德差異模糊不清。一個人必須因為持有的觀點而負道德責任嗎？我們又能任命誰去擔任「思想警察」呢？

---

12 又譯「確認偏差」或「我方偏見」，泛指「搜尋、解讀和牢記有利於自身信念的資訊，漠視否定自己信念的相關資訊」。如同俗話所說的「信者恆信，不信者恆不信」或「只看見想看見的，只聽見想聽見的」。

洛夫洛克談大自然

試著將視野放大、縮小場景。想像你浮在半空，讀著這本書。再將視野放更大，俯瞰自己，你會看到自己所在的建築物，接著，你會看見土地、城市或綠地的曲線。最後再縮小場景，幻想你是地球本身，正在瞧著整個宇宙。

請先停在這裡，如同英國科學家詹姆斯・洛夫洛克（James Lovelock）在他的「蓋亞假說」[13]中指示我們的那樣。

看看全人類，問自己一個簡單的問題：如果人類一點都不特別，該怎麼辦？如果人類只不過是巨大生態系統中的一顆齒輪，該怎麼辦？不要從當下來看，而是要從數十億年的時間跨度來檢視人類。假使人類就像世界的腸道細菌，遲早要滅亡，該怎麼辦？這是從地球的角度來看整個生態系統所得出的想法，洛夫洛克將這個系統稱為「蓋亞」。

「蓋亞」（地球）是一個監管者，運用回饋迴路（feedback loop）和生態系統的變化來維持整體的運作。這種「蓋亞原則」（Gaia principle）會控制溫度、海洋鹽度、氧氣和其他恆定因素，以確保生命繼續存活。人類可能會認為生態系統和天氣系統複雜萬分，令人感到頭疼，但對蓋亞而言，它們只是在管理日常的事物。「蓋亞」掌控一切，確保萬事萬物都按照既定方式去運行。

這個想法可能不像它最初出現時的那樣新潮或神祕。共同演化（co-evolution）是指生態系統彼此同步進化。例如，老鷹進化了，能夠狩獵兔子求生，而兔子也跟著進化，能夠大量繁殖後代，不會被老鷹獵捕殆盡。奶牛進化為吃草，而草的種子也隨之進化，能夠通過牛的消化系統而存活。鬱金香進化了，產出黏性花粉，而蜜蜂也跟著進化，有毛茸茸的身體，讓花粉能夠牢牢黏著。從這個角度來看，世界正在進化，物種就像它的微生物或器官。在這樣的系統之中，人類並不見得比其他物種更好或更差。

這有兩種可能的含義。

也許（正如特工史密斯在《駭客任務》中所說），人類是「蓋亞」的致命病原體。我們是癌症或病毒，破壞了氣候和不斷排放碳，對世界造成了致命的傷害。人類是損壞的電腦元件，現在的電腦系統運行速度非常緩慢。

我們也可能完全無足輕重。蓋亞可能會消滅人類，如同她消滅先前所有的疾病。世界將變得不適合人類居住，但（正如《侏羅紀公園》所說）「生命會找到出路」。我們的工廠和核武器將在海底生鏽，但過了許久之後，地球仍然會出現種類繁多的生命。

無論是哪種情況，「蓋亞假說」都是一種煽動性的想法，令人心生好奇，其含義既讓人感到樂觀，又讓人感到可怕。

13「蓋亞假說」（Gaia hypothesis），以古希臘神話中的大地母親女神「蓋亞」來命名這項假說。

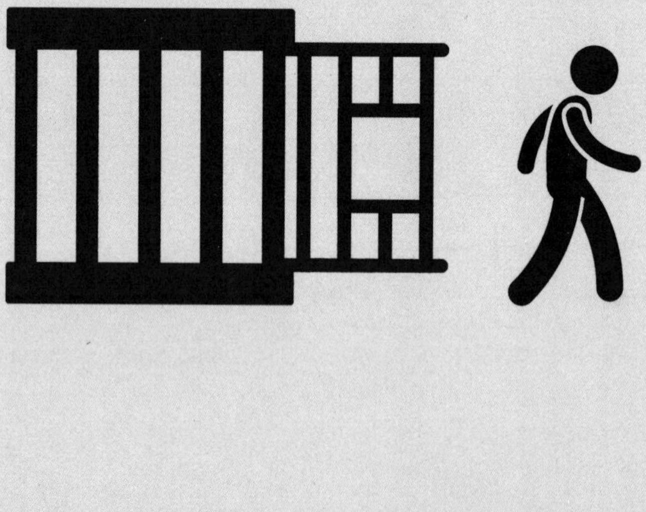

2 存在主義

存在主義是一種否定，也是一種肯定。它是對一切絕對、客觀、限制性規則和規範的否定，同時也是對人類選擇、自由、自決和認同的肯定。它讓人看清自己配戴的面具和生活裡的謊言，呼籲人們必須按照自己的方式去過生活。

存在主義是拒絕去做別人認為我們「必須做」的事情。它要求我們掌控自己的生命。

沙特談自欺

你有多少次因為自己的所作所為而責備某個人或推給某件事？你多久會發怒一次？說：「如果不是**這樣**，我就會**那樣**做！」你曾經埋怨老闆、老師、父母或朋友「害你」做某件事情嗎？

二十世紀的法國存在主義者沙特體察到這些情緒，將其稱為「自欺」[14]。如果你擅長異國口音，也可以唸唸它的法語發音mauvaise foi。

想要有選擇權並不容易。我們肩負責任和受人期望，也會承受壓力，知道自己的選擇會影響一切。被人告知要做什麼，比自己做決定更為容易。

因此，沙特認為，人們會編造故事、制定明確的規則和法律，旨在剝奪**自己的自由**、否定自己的選擇權利。可能是諸如「不要立即回覆對方訊息」之類的人際規範，或者是「不可偷竊」之類的正式法律。

「自欺」會出現在我們隱藏自己與這些結構共謀的時刻，亦即我們假裝外部規則「讓」我們做某件事情的時候。概念、規則或規範無法迫使我們做任何事情。唯有你自己可以決定去做哪些事情。

每一天、每一刻，人都要面臨抉擇。我們隨時都擁有自由。沒有任何事物能將自由從我們身邊奪走。我們「注定享有自由」。

沙特要求學生和所有存在主義者必須認識自己選擇的力量。要避免「自欺」，心態就要徹底轉變：既然你**選擇**了上學，就不該生老師的悶氣。你一旦**選擇**超速，被開了罰單就不能生氣。要是你的朋友非常粗魯，萬一他對你舉止粗魯時，你就不該驚訝。無論如何，你既然做出了抉擇，就得承擔後果。

「自欺」是否認我們自己在各種事件中擔任同謀共犯的事實。這是逃避卸責，是懦弱退縮，無法讓你成為自己想成為的人。我們可能會發現，隨波逐流比較輕鬆，但這是在拒絕我們存在的自我。你當然可以憤怒咒罵和悶悶不樂，但別忘了，你只能對自己生氣。是你選擇了這一刻，也選擇了這一生。

---

14 自欺（bad faith），又譯「壞的信念」或「錯誤相信」。

存在主義和虛無

人人都會做白日夢，幻想做一件能徹底改變自己生命的事情。這種幻想如同一拳重擊、一聲尖叫、一次跳躍、一通電話和一次自白……這種事像一次核爆，能徹底顛覆你的世界。選擇了這條路，從此便無法回頭。

法語 l'appel du vide 直譯為「**虛無的召喚**」，簡直一語中的，概括了這種感覺。這是介紹存在主義的好方法，而存在主義就是攸關選擇和本真[15]的哲學。

被視為存在主義哲學鼻祖的丹麥哲學家索倫．齊克果（Søren Kierkegaard）認為，人類對於能掌控自己的力量感到既害怕又興奮，而沙特則認為，我們都渴望「非存在」，也就是類似機器人的狀態，沒有選擇且無意識，但活得更為輕鬆，因為有選擇就得承擔**責任**，責任又會帶來壓力和讓人焦慮。人處於「非存在」的狀態，便不必為選擇不當而負責。

因此，當我們發現必須替自己負責以及我們的行為有多麼絕對和強大時，偶爾便會出現「**虛無的召喚**」的感覺。

這是情緒廣泛而普遍（但不是平時會出現的情緒）。你可能會在一列超速列車經過站台時突然感到恐慌，想要跳下月台；你也可能站在令人目眩心懼的懸崖邊緣，突然有一股想往下看的衝動。這種難以言喻的黑暗想法只有你自己知道，但你也可能會想做些無傷大雅的壞事，比如突然在圖書館裡大聲尖叫。

「虛無的召喚」就是你內心深處的那個聲音。它告訴你：「你可以這樣做。」奇怪的是，你其實並不相信自己不會做出傻事。你能想出各種**不要**，去避免做這種驚世駭俗的舉動，但你卻還是有一部分的心思在想是否可以這樣做。這個宇宙沒有絕對、具體或客觀的事物可以阻止你。沒有警察、父母或上帝能在最後一刻介入。你必須相信自己，而這是很可怕的想法。

這些不是自殺或有危害的想法（你也不會認真看待它），而是恰好相反。這些是你感受到自己強大力量的時刻，此時你會感到做出選擇是非常沉重的。

就是你，而不是別人，可以徹底顛覆存在，改變你自己的生命。你做出最小或瞬間的舉動，便能改變一切，因此你掌控了宇宙。

接下來，請你帶著這種感覺回去過日常生活，感受自己全身充滿力量，隨時都準備好面臨挑戰。

15 本真（authenticity），又譯「真誠性」，一個人在社會的規範或干涉下，忠於自身個性與品格的特質。

蒙田談「勿忘你終有一死」

生活著實不易。人會不時憂慮，也會痴迷、焦慮和恐懼，更會害怕怪物和鬼魂。我們能做些什麼來摒除這些恐懼呢？它們如此渺小，如何才能留神而不受其干擾？

哲學界有一句看似簡單卻很有效的話：「勿忘你終有一死」（memento mori）。拉丁片語memento mori（直譯為「死亡記憶」）告訴人們要隨時謹記自己終將死亡。有了這種觀念，本應微不足道的事情才能變得微不足道，讓人看透煩惱，進而領悟：「這件事真的這麼重要嗎？」

羅馬皇帝馬可・奧理略（Marcus Aurelius）奠定了斯多噶主義[16]的基石，他曾仔細反思這種想法。奧理略認為，死亡很自然，而且不可避免，因此人人若能經常關注死亡，便可消除囤積財產、追逐世俗財富和執著於曇花一現事物所產生的焦慮。一切終將化為塵土，何必浪費稍縱即逝的時間去無故憂慮呢？

古埃及人舉辦宴會時經常會擺上一具木乃伊，在賓客用餐之際將木乃伊推入會場。在場食客會高喊：「大夥要痛快吃喝玩樂，因為我們很快就會變成這般模樣。」《聖經・傳道書》幾乎逐字逐句回應這種心情[17]。

法國文藝復興時期哲學家米歇爾・德・蒙田（Michel de Montaigne）很中意「勿忘你終有一

死」的概念，甚至建議人要多去逛逛墓地。他寫道：「讓我們不再對死亡感到陌生，讓我們去習慣它吧！」對於蒙田來說，「勿忘你終有一死」並非執著於死亡，而是將它當作記住生命的跳板。

在基督教盛行的中世紀和文藝復興時期，民眾經常攜帶手持鐮刀的死神像、屍體或頭骨的小飾品。他們的想法是，隨時親近死亡，生活會過得更甜蜜。

如果可以的話，不妨現在就試試，想想你將要死亡的那一刻。靜下心來反思自己將何時、為何、在何處以及如何死亡。試著想像那一刻的恐懼，那無窮盡的未知，那一刻令人可怕的孤獨，那份隔絕感，還有那些留在世上的親人。如果可以的話，放下這本書，好好去想這件事。

死亡**必定會**降臨你身上。

只要你反思得足夠，日常的煩惱就會消失無蹤。誰在乎老闆怎麼想？就算朋友說了讓人心寒的話，這又有什麼大不了？為何要對心愛的人生悶氣？

生命是最短暫的燭光，卻能照亮永恆的黑暗。而「勿忘你終有一死」要我們去看輕瑣碎的俗事，珍惜值得珍惜的事物。

---

16 斯多噶（Stoicism），古希臘和羅馬帝國的思想流派，由哲學家芝諾創立，以倫理學為重心，秉持泛神物質一元論，強調神、自然與人互為一體。人要以理性限制欲望，過著斯多噶式的禁欲生活，便能與自然調和，最終從欲望中解放，恬淡寡欲，過著最幸福的生活。

17 《聖經・傳道書》第三章第十二節到第十三節：「我知道世人，莫強如終身喜樂行善；並且人人吃喝，在他一切勞碌中享福，這也是神的恩賜。」

尼采談堅強

你何時會像樹枝一樣，咔嚓一聲而崩潰斷裂？你忍受無盡的苦差事，過著悲慘的生活，聽著無聊的客套話，何時會忍受不了？這就是你的生活，你唯一擁有的生命，但你卻處處逢迎拍馬屁，過著百般無聊的日子，結果虛擲了生命。人類演化了幾百萬年，竟然會淪落到這步田地？我們都貶低了自己，感到內心空洞不已，活成一個只知哭哭啼啼的退化人類。

弗里德里希・尼采（Friedrich Wilhelm Nietzsche）在十九世紀下半葉為文著書時，便是如此看待現代世界。

生命的核心都是渴望獲得權力。就生物學的角度而言，人不斷在進行達爾文式的混戰，優勝劣敗，藉此傳遞基因，但更重要的是，人普遍的本能是控制、支配和獲得自己想要的東西。因此，樹根為了生長，會破壞混凝土地面，而雄鹿也會為了爭取交配權而決鬥。人類也不例外。

人們曾經頌揚和崇拜權力、高貴出身和力量。人類曾是視死如歸的斯巴達戰士、無畏的日本武士和北歐的屠龍者。曾幾何時，人類驕傲而大膽，撰寫了歌頌英雄和征服者的史詩。然而，不知何故，出了差錯，人類失去了高貴的自我。

數種陰險的疾病大約同時感染了人類，它們是謙虛、同情和憐憫。貞潔之士、乞丐和可憐之人突然被奉為神靈和聖人。憤怒和傲慢如今被貶抑為七宗罪之一[18]。打垮巨人族的雷神索爾以及和九頭蛇對戰的海克力斯都被掃地出局。拿撒勒木匠的可憐兒子[19]堂堂登場，結果慘遭羞辱，被釘死在十字架上。

這種轉變與生命的每一種自然驅動力背道而馳。它是一種「虛無意志」（will to nothingness），否定了人類的求生衝勁，而那種衝勁是自然萬物的核心，亦即**權力意志**（the will to power）[20]。

我們已經把力量和權力視為罪孽，因此現在被迫將這種意志轉化為內在力量。由於我們被禁止去支配他人，我們的意志只能以「內疚」和「良心」的形式去自我消耗。人類壓抑了作為人的本質，人的意志只好「撕裂、迫害、啃咬、擾亂和虐待」**本身**。我們就像一頭野狼，被人束縛、戴上口套，只能「用身體摩擦籠子欄杆來感受痛楚」。

在尼采眼中，這種情況是致命的。我們需要再度喚醒生命所有的原始本性。我們需要恢復貴族地位和權力。我們需要重新大膽無畏地**活著**。這便是權力意志。

---

18 七宗罪（seven deadly sins）是天主教對人類惡行的分類，通常指傲慢、貪婪、色欲、嫉妒、暴食、憤怒和怠惰。

19 「拿撒勒木匠的兒子」指耶穌，耶穌的父親約瑟是個木匠。

20 這是尼采「價值重估」主張的延伸。尼采認為，權力意志是萬事萬物的基本驅動力，物理變化、生物繁殖以及人類的心理文化現象，皆由權力意志所推動。

海德格談死亡 [21]

吸血鬼德古拉要慶祝四百歲生日，但他一如既往，死盯著棺材蓋，完全無精打采。為什麼要起床？他已經創作了偉大的交響樂曲，也繪製了著名的繪畫傑作。最勇敢的英雄都被他殺死了，他也愛過每個時代傾國傾城的美女。他遇過每一位名人，嘗遍各種活人的滋味……既然如此，為何還要起床呢？每天都看不到盡頭，日子毫無意義。

二十世紀的德國哲學家馬丁・海德格（Martin Heidegger）非常清楚問題出在哪裡：德古拉缺乏**本真**（authenticity）。

海德格認為，我們作為人類，長久以來一直忽視一個迫在眉睫、不可避免和決定性的層面：人都會死去。我們費盡心思，處處隱藏，也讓自己分心，不去想這件事情。我們有童話故事，主角們「從此過著幸福快樂的生活」，絲毫聞不到任何死亡的味道。我們設立了醫院和收容所，這些地方是遭人封鎖的陰界鬼府，並不是多數人都曾經見過死人的屍體。

我們隱藏死亡的真相。死亡會到來，而我們卻視而不見。我們會說：「別老想著死亡，這非常病態！」

因此，我們老是埋首於生活常規，讓自己分心，壓根不去想人都會死的這檔事。死亡是生命最重要的事，但我們提到死亡時，卻使用各種隱喻和委婉說法。

若沒有死亡作為人生最後的謝幕，海德格認為人將找不到生命的意義。假使我們自認不會死，存在這件事將會令人感到很不真實，因為我們永遠不會認為自己的抉擇是最終的。我們不會知道自己做出的每一項決定都非常重要。我們每做出一項選擇，就會過另一種生活，而且沒有回頭路。因此人往往只能選擇一條路，然後一直走下去。如果我們不去體察死亡，就永遠不會去體驗**該有**的生活，而是誤以為自己好像可以隔天再去做該做的事。

德古拉看不到生命的盡頭，每一刻都很乏味，他的日子也缺少應有的重量。我們生為凡人，根本無法了解何謂不死不滅。因此，假裝我們是永恆不死，對最後將孤獨死亡的事實視而不見（因為這種孤獨感會讓人真正感到恐懼），就是否認真實的**存在**。這樣活著毫無意義，也不負責任。如果不去面對「非存在」，我們的日常存在便會顯得毫無意義。

我們需要以時間和死亡為錨，否則將會逐漸飄遠，與自己疏離。我們必須面對死亡，才能賦予生命意義。我們幻想童話般的結局，因為如此一來可以讓我們不那麼恐懼，但這樣卻破壞了人類生命的真實狀況。夕陽之美，在於落日會消散。愛情能夠淒美，乃是因為它總有終結。時鐘滴答作響，催促著我們去夢想。你今日的選擇將是你唯一能做出的選擇，所以最好讓它值回票價。

21 原文 mortality，也譯為「必死的命運或性質」。

卡繆談荒謬

你是否曾在傾盆大雨中被淋得全身溼透而大笑？有沒有什麼事情變得非常糟糕，根本錯到離譜，讓你只能微笑，接受事實，然後反而享受每一分鐘？在阿爾貝·卡繆（Albert Camus）眼中，這就是荒謬。

卡繆是法國的存在主義思想家。他起初從簡單的主張開始，宣稱沒有可以指導我們生活的客觀法則。人類沒有「目的」（如同亞里斯多德所言），沒有道德法則（如同康德所認為），也沒有可以期待的來世。這真的是很慘。

卡繆在一九四二年的散文著作《薛西弗斯的神話》中指出「荒謬的生活」。薛西弗斯因為玩弄希臘諸神，被判要將一塊巨石推上山頂，但快要完成時，卻得眼睜睜看著石頭滑落山腳，然後從頭再來，注定要永世勞動。

同理，人類一直在做事，但心裡知道一切都將化為烏有；人無論大小或地位高低，都將歸於塵土。一切都是荒謬的，無論我們如何忙於日常工作或落實浮誇的承諾，我們仍然知道，所做的一切都會消失。人活著就像個傻瓜，鎮日忙著無聊的差事。大家都是在鐵達尼號上與樂隊一起演奏而已。

卡繆寫道：「真正嚴肅的哲學議題只有一個：那就是自殺。」但他並沒有就此結束。這樣便是向虛無主義投降，我們絕不能這樣做。

唯有我們對荒謬大發雷霆時，它才會成為問題。薛西弗斯只是討厭他的工作，因為他將眼下的工作與他曾經擁有的生活相比較，換句話說，他渴望不再屬於他的生活。人只要很天真，抱持這種想法，妄想獲得喘息、答案和療癒，這樣一來便會感到絕望。追求生命的意義只會讓我們永遠不快樂。荒謬的「解方」並非忽視它，而是要擁抱它。我們若能體認到這一點，坦率地一笑置之，認識到這便是我們所能擁有的最棒生活，如此一來，我們甚至能夠心懷愉悅，重新肯定生活。

卡繆寫道：「殘酷的真理只要被認可，它便會消亡。」即使生命是荒謬的悲劇，我們若能正視它，並在舞台下一笑置之，也能夠克服它。

叔本華談無聊

是什麼驅使著我們？當我們忍受無聊、痛苦或苦難時，是什麼推動我們持續前進？我們到底有何頑強的衝動，才能夠繼續前進，以及想要或夢想去留下印記？人人都有這種衝動。我們除非生了重病或想要自殺，否則都有一種原始、深刻且強烈的衝動（正如邱吉爾所言），想要「繼續胡鬧下去」[22]。

這種本能便是德國哲學家亞瑟·叔本華（Arthur Schopenhauer）所說的**意志**。對他而言，這是生命的原動力，也是人生最大的苦難。

叔本華在十九世紀著書立論，了解康德的理論（請參閱第二七〇頁〈康德談創造世界〉）。他和康德一樣，認為不能「照原樣」看待世界。世界其實只是我們自己構建的「表象」[23]。然而，康德聲稱自己對現實的真實本質（「物自身」〔things in themselves〕）一無所知，但叔本華卻認為，支撐事物的基本力量，亦即一切事物的內在本質，便是**意志**。

宇宙萬物都有驅動意志。這是一種充滿活力和不安的**欲望**，或者是一種「漫無目標的奮鬥」（aimless striving）。這種欲望是要去擁有、控制、支配、掌控和理解事物。

世間萬物皆有意志。也許更容易去理解動物的意志（好比飢餓、生育或警戒），但河流會侵蝕懸崖，流星會撞擊地球，水滴會匯入海洋……這些也牽涉到意志（這是尼采提出想法時採用的前提，亦即**權力意志**，請參閱第五六頁〈尼采談堅強〉）。

然而，問題是我們的意志永遠無法被滿足。它就像病毒，唯一的動力就是要生長。意志是一切事物的本質，總是不斷渴望更多，其本質便是永遠不滿足於它所擁有的份額，因此我們經常陷入悲慘的境地，要去做出抉擇。

我們要不就是無休無止渴望新事物，最終卻徒勞無功，如同古希臘神話中受懲罰的坦塔羅斯（Tantalus）每當飢餓時伸手去拿果實，卻始終無法如願；否則便是缺乏動力而感到沉悶無趣和無精打采。**意志**雖然永不滿足，卻也是宇宙的驅動力，因此從某些方面而言，**不去**努力追求，便與生命的意義背道而馳。我們落入存在的結構中，天生就被設計成要不斷前進。當我們停下來時，我們就不再是自己。

因此，叔本華認為，我們永遠在無聊和痛苦不安之間擺盪，要麼缺乏動力，要麼從不滿足。人還真是處於活躍的狀態裡呀。

---

22 「想要繼續胡鬧下去」（keep buggering on）是英國前首相邱吉爾名言，可簡稱KBO。

23 叔本華繼承了康德關於「物自身」和「現象／表象」的區分。康德所稱的現象（Phenomenon），叔本華以表象（Representation）改稱。簡而言之，人以感官去捕捉和觀察訊息，根據意識去創造物體（世界）。

沙特談他人

請一位好友或親戚用幾句話總結你。你讀到或聽到他們所說的話時，有什麼感受？你是否高興，認為他們說得恰如其分？或者，你覺得……**少了些什麼**？你是否在想，即使是和你最親的人，怎麼也遺漏這麼多，根本不了解你？

最後一個想法便是沙特經常被引用的格言其背後的觀點：「他人即地獄。」[24] 每個人都很複雜。人人都有別人不知道的幻想、永遠不會和外人分享的祕密、深埋內心的恐懼，以及沒有人能夠或永遠無法看到的複雜性格。我們是生活中的感受和思考**主體**，被困在自己的頭腦之中，如同禁閉於高塔的囚徒。

然而，我們被迫與其他人一起生活。別人會觀察我們的行為、聽到我們說的話，以及**論斷**我們。當你走進一個房間時，裡面每個人都會根據你的模樣去判斷你。在他們眼中，你就是一個物體。他們可能會在一瞬間便貶低你，你就被貼上了標籤，然後就可以滾蛋了。對他們來說，你是「有趣的」、「博學的」、「會照顧人的」、「無聊的」、「肥胖的」或「笨拙的」。你敏銳感受到別人論斷你帶來的沉重感，而你被刺痛了。

即使是我們認為最了解我們的人，也不能指望他們會了解我們複雜的性格。我們被人簡化了，然後放進一個乾淨的盒子。我們珍愛和最親密的自我完全被人誤解了。因此，我們要抗議這不公正的事情；我們想要尖叫，大喊：「我不只是這樣！」

更重要的是，我們開始像其他人一樣看待自己。我們被別人「物化」了（objectified），因此感到羞恥或受到侮辱。

因此，我們也以其人之道反其人之身。我們也貶低**別人**，不理會他們複雜的性格。我們讓別人變得不那麼真實、不那麼充實、不那麼重要。我們這個氣憤的**主體**便物化他人，以便令別人對我們的論斷顯得不那麼刺痛。我們撫慰自我並扼殺**他者**[25]。我們將自己恢復到主角的位置。

因此，「他人即地獄」，乃是因為別人偷走了我們的人格性（personhood）。他們讓我們感到渺小或不重要，讓我們顯得膚淺、乏味和無聊。我們想說：「我並非總是這樣！」但我們悶不吭聲，因為高聲叫喊似乎很無禮。

24 沙特的戲劇《間隔》（又稱《禁閉》）中的其中一句台詞。

25 「他者」（The Other）乃是由自我意識建立的意向，用於區分他人。在現象學中，「他者」或稱「建構出的他者」（the Constitutive Other）以別人與自己的差異來辨別其他的人類。

尼采談永恆回歸

弗里德里希．尼采經常被人誤稱為虛無主義者。他被形塑成留著大鬍子的傢伙，憤怒高喊「上帝已死」，同時告訴我們生命都是毫無價值的。其實，事情比較複雜一點。尼采曾提出**永恆回歸**[26]的思想實驗，因此他極為肯定生命，乃是存在主義的中流砥柱，甚至可能是非常前衛的治療師。

尼采在一八八二年的著作《快樂的科學》（*The Gay Science*）中讓讀者去想像一隻惡魔，惡魔對著他們說道：「你現在所擁有且已經活過的這一生，你將要再過一次，而且還要再過無數次；不會有什麼新鮮事，而你生命中的每一回痛苦和每一次快樂，每一種思緒和每一次嘆息，以及每一件極小或極大的事，都會以同樣的順序返回到你身上。」

你一聽到這句話，會有怎樣的反應？花點時間考慮一下。如果有需要，不妨重新讀一遍上面的段落。

如果你感到厭煩或恐懼，對於尼采來說，你似乎把生活當作一個客體。不知為何，你成了自己生活的見證人，很可能憤世嫉俗，想要批評一切，因此處於被動，讓生活「發生」在你身上。你一直覺得自己受到傷害和感到痛苦，只希望生命盡快結束。

尼采毫不留情地指出：假使這種描述引起你的共鳴，你就是沒有骨氣的受害者，整天抱著

「我好命苦！」的心態。

尼采隨後提出一句格言來化解這種哀怨情緒，亦即**愛你的命運**（amor fati）。

人人都在追求愉悅舒適，但只要甘心接受命運，便能如願以償。

我們不該「用意志扭轉局面」，或者雖然絕望，卻希望能夠改變已經發生的事情。然而，更重要的是，我們必須**熱愛**發生在我們身上的事情，無論苦難和痛苦，無論喜悅和快樂，全部都一視同仁。我們必須熱愛自己的生命，因為發生在我們身上的事情都屬於我們獨特的經驗。我們必須為自己所犯的過錯感到自豪，因為我們克服了它們。我們與它們共存，也因它們而存在。

數千年來，永恆回歸一直是許多東方宗教的核心，古希臘斯多噶學派也曾大量採納這種理念，但尼采卻將它更進一步廣為宣揚，讓現代西方讀者廣為所知。

我們如今可能將這種想法概括為「放手」、「繼續前進」或「未來之事，自有安排」[27]……但這個想法不僅止於此。它要你別冀望事情會消失，或者聳聳肩不在意；它要你積極奮發，大聲肯定生活。**愛你的命運**。

---

26 「永恆回歸」（eternal recurrence）又譯「永劫輪迴」或「永劫回歸」，指時間呈環形運動，歷史並未向前推進，只有存在變化，此即為「永恆回歸」。

27 英語的"Whatever will be, will be"逐字譯成的西班牙短語 que será, será。

齊克果談三個存在階段

你是否覺得自己的情緒似乎每天都不同？好像有些日子醒來時會有一種全新的心態，或對生活有嶄新的看法？前一刻你才感到幸福滿足，下一刻卻覺得頗不滿意。不知何故，好像你想要追求……更高遠的目標？還有什麼呢？

十九世紀的丹麥哲學家索倫．齊克果完全知道你想表達什麼。

齊克果號稱存在主義之父，而他認為自己那個時代的哲學已經見樹不見林。哲學家著迷於抽象的形上學，而黑格爾的「世界精神」更是臻於深奧難解的頂峰（請參閱第一二四頁〈黑格爾談世界精神〉）。這與古希臘人曾經實踐的那種指導人們並賦予個人生命意義的哲學相去甚遠。

齊克果呼籲要回歸舊哲學，亦即需要自省和反思的哲學，那是從「我」和個人生活經驗起步的哲學。因此，他將目光轉向了自己的人性，認為人會經歷日常生活的三個階段（或領域），分別是：「感性」、「倫理」和「宗教」。

感性階段是最低等、最微不足道的，只求一己的滿足。人會過節日、做愚蠢的行為、舉止輕浮和追求欲望。在齊克果的作品中，約翰內斯這個人物演活了審美家的角色，化身為誘惑者和有教養的享樂主義者。然而，要注意的是，在齊克果眼中，巴哈和魚子醬與酗酒和韓國歌手PSY吟唱的「江南Style」一樣低等，無不用來滿足人的欲望，而欲望本身的性質無關緊要。

然而，審美家厭倦了這種生活（早於叔本華，請參閱第六二頁〈叔本華談無聊〉）。他黎明宿醉時感到疲憊不堪，於是渴望更多……，亦即想進入**倫理階段**。審美家要踏入人群，與他人共組社區。在這個階段，社會、語言、道德和文化會逐漸成形。人會感到快樂，認為自己隸屬更廣泛且更深沉的事物。我們看到自己的團隊去運動、分享喜好或者過著慷慨助人的美德生活時，可能會喚起這種情緒。

宗教階段是最高層級和最有意義的人類生活方式。人身處這個階段，會莫名其妙且不合邏輯地被拉去從事更高等的行為。很難用文字來描述這種情況（因為文字只適用於先前的階段），但我們似乎被一種更高的力量攫住，因此被迫去從事我們認為有意義的行動。我們只需要去做那件事，並不希望任何人（即使是我們最親密的人）能夠理解。

對齊克果來說，這些純粹屬於個人和充滿熱情的時刻，乃是我們可以活得最深刻也最偉大的方式。只有我們自己理解，根本無法透過抽象理論去檢視。

黑格爾談主人和奴隸

人人都有自己的剋星。光用這個詞，我們可能不知道它是什麼，但總有一件事或一個人讓我們非常討厭，所以我們會說自己跟它或他不對盤。萬一我們被迫與那個東西一起生活，會發生什麼事呢？衝突可能即將爆發，無法避免了。英雄與敵手、正題與反題（thesis and antithesis）、主人與奴隸之間相戰。哪一件事、哪一個人最終還能屹立不搖？

德國哲學家格奧爾格・威廉・弗里德里希・黑格爾（G. W. F. Hegel）指出，每個人和一切事物都會經歷這樣的衝突。他的「主奴」（master–slave）辯證從此影響了歷史學家、社會學家和哲學家。

黑格爾的論點是出了名的難以理解，而他也知道這一點。據說他在一八三一年去世時，留下的遺言是：「只有一個人能理解我的觀點，但甚至連他都不了解我。」話雖如此，我們還是能從他的作品找到光輝燦爛的寶石。

黑格爾提出了一個非常重要的想法，就是人如何形成自己的身分和自我意識。黑格爾認為，我們只能透過自身與某物或某人的關係來理解自己。要成為一個人，需要先「被承認為一個人」。唯有父母呼喊我的名字，或者朋友認出我，或者球隊讓我上場時，我才能知道自己是誰。沒有人能存在於抽象之中。我們若是脫離與他人的關係，我們就會毫無意義。

然而，如果我們與他人的關係不平等，會發生什麼事？假使某個人比另一個人更強勢，該怎麼辦？黑格爾認為，雙方若是相互競爭，通常都會起衝突，會為了勝利而戰。在這種情況下，雙方都知道一旦爭鬥起來，自己的力量會被消耗或耗盡。因此，有一方鐵定會讓步，「主奴」的動態關係就形成了，分成強者和弱者，領主和農奴[28]。

然而，在這種關係之中，沒有人會快樂。奴隸被物化，工作也被主人霸占，他們甚至遭疏離，不被賦予人的資格。然而，主人也被貶低。他們也需要和尋求他人的認可。但是他們物化和貶低了奴隸，也就否定了唯一能讓自己被認可的方式。主人需要奴隸認可他們，卻不認為奴隸的認可是正當的。當然，從兩者看來，奴隸所處的情況更是糟糕。

奴隸最終將與主人來一場生死搏鬥，以便解放自己。新的關係將對雙方都有好處，他們將開始認為彼此是相互依賴的。決鬥雙方妥協之後會互利互惠，彼此的關係將變得穩定成熟，大家都會很快樂。

黑格爾經常以抽象和理論的方式著書立論，他撰寫主奴辯證時也不例外。許多人想要知道：「這該如何應用於現實生活？」黑格爾對此不曾發表過任何意見。直到沙特、西蒙．波娃和傅柯出現之後，現代人才能透過「權力動能」[29]去逐漸理解這種觀念。黑格爾的理論有不少令人費解的謬誤之處，但他卻提出了真知灼見：沒有人能從統治和剝削的關係中受益。唯有人人相互尊重，人類才能成長茁壯。

---

28 歐洲封建制度下的農奴制度，領主以財務束縛或變相的奴隸制來奴役農民。

29「權力動能」（power dynamics），又譯權力動態，因為權力是動態的（dynamic）。

卡繆談反抗

你何時會決定反擊？你承受了多少屈辱、受到多少不公平的對待、遭人貶低或殘忍對待了多久，才會開口說「夠了」？你會在哪裡劃出底線，要對方適可而止？

阿爾貝・卡繆認為，沒有人能跨越的那條底線，我們最後反抗的那一點，足以揭露我們是誰。

卡繆的多數著作都是刻意要解決虛無主義的問題。所謂虛無主義，便是認為生活缺乏意義且毫無目標的哲學思想。卡繆的小說和散文熱切闡述該如何做人，以及在後宗教（post-religious），以及後尼采（post-Nietzsche）的空虛時期該堅持何種價值觀。

卡繆最重要的貢獻是撰寫了《反抗者》。他在書中指出，人在某些關鍵時刻不會妥協，會堅持那些將我們定義為人類的價值觀。我們會根據「必須始終捍衛的人性尊嚴」來劃定界限。這是肯定生命的價值。這項聲明指出：「我只能退讓到這裡，不會再退了。」

反抗者致力於維護生命中不可侵犯的某個點，其他人萬萬不可侵犯。此時，過勞的員工會告訴老闆，他們要下班回家了。小學生會拒絕接受師長不公正的懲罰。家暴的受害者會離開伴侶。奴隸會決定逃跑。

簡而言之，我們內心都有一座願意赴死在上頭的小山丘，而它便展現我們生命的尊嚴。

這種反抗的主題其實與卡繆的荒謬論述有所關聯。卡繆認為，人在受到最大的壓迫或感覺最絕望的時候，其實是最自由或最快樂的。當我們沒有什麼可失去的時候，我們會探見先前可能不知道的內心深處。何謂自由，要看人被拒絕得有多徹底。

由於卡繆在別處非常強烈否認有絕對真理迫使我們採取某種行為，但他卻在《反抗者》一書中大談不可避免的責任和義務，口吻聽起來很像康德，這樣或許有點奇怪。反抗者並非自私的利己主義者（儘管反叛行徑總是出於私人利益），反而想讓人類彼此尊重和團結。卡繆甚至說他認為「人是形而上的」（Man as metaphysical）[30]，表示我們自身都有一部分超越了這個世界，並且不可改變。這更接近於「本質論者」的說法。本質論者認為，人類具有預先定義的本質（pre-defined essence）。然而，卡繆的說法不同於他那個時代存在主義者的論點，後者往往認為人可以改變一切。

因此，當你下次說「不」的時候，記住你要反抗什麼。這絕非消極的，而是深切肯定生命。這是揭露「你是誰」的時刻，要告訴全世界和你自己，你的本質既不能、也不會被人從你身上奪走。

30 卡繆理解的「形而上」並非針對存在來討論的傳統形上學，而是將其放在「人的存在」角度來理解。根據他在《反抗者》的說法，所謂形而上的反抗，乃是人起身反抗自己面對的不公義情況，同時反抗全人類的荒謬處境。

西蒙・波娃談女性主義

你何時會拒絕自己想要的東西，只因為那件東西「尚未完成」？你是否曾經因為別人期望你、給你壓力和把你貼上標籤而受束縛？你在人際關係中扮演何種角色？這些事解放了你，還是埋葬了你？

西蒙・波娃（Simone de Beauvoir）一九四九年出版了代表作《第二性》，該書被視為存在主義和現代女性主義的開創性作品。西蒙・波娃在書中指出，她認為人並非在預先切割的模具或本質中形塑而成，而是人自己塑造自己。我們創造了自我認同（人如何看待自己），也創造了自己面向社會的身分（希望如何被別人看到）。

西蒙・波娃認為，這種構想可以延伸到女性特質。她如此寫道：「女人不是天生的，而是她變成了女人。」

在西蒙・波娃眼中，社會要求「女人」以某種方式展現外貌和舉手投足，而女人反過來又會有意無意履行這個角色。這種假定的身分，本身不一定帶有歧視或有負面意涵。然而，西蒙・波娃堅信，社會經常貶低女性，要她扮演「第二性」的角色，亦即女性是低於男性。男人是預設角色，女人則屬於變種。

對西蒙・波娃來說，扮演「女人」的角色，就得去「自欺」（請參閱第五〇頁〈沙特談自欺〉）；女人要隱藏真正的能力，不能盡情展現自己。這種「自欺」情況不僅會引發工作場所的性別歧視等社會問題，還會影響我們使用的語言和我們堅持的規範。不妨想想下列的問題：要男人在約會時付帳，這樣是否便作實了「女人」就是扮演物件的角色？「舉止得宜」的女人是否只能在酒吧點某些種類的飲料？女性使用抗憂鬱劑的人數是男性的兩倍以上，這是否表示有憂鬱症的女人是患憂鬱症男人的兩倍之多？在無支領薪酬的勞動人口之中，百分之七十五仍然是女性，這種情況是否更強化了上述的統計數據？有什麼社會規範可以解釋，為何百分之九十的女性在地鐵上受到性騷擾之後不會去報警？（能舉出這些例子，真要感謝傑出的英國女性主義作家卡羅琳．克里多．佩雷斯〔Caroline Criado Perez〕在她的著作《被隱形的女性》〔*Invisible Women*〕裡詳列了它們。卡羅琳可謂當代的西蒙．波娃。）

唯有我們發現社會創造了多少「女性」刻板印象時，我們才會明白自己可能沉浸於或投射過多少這種印象。每個人都難辭其咎。

因此，西蒙．波娃問的是：我們是否該允許別人，或允許自己，去**真正**按照自己的意願來形塑自己？

法農談黑人存在主義

我們都渴望成為某個人，譬如當個最棒的父親，當上板球隊的最佳球員，或者成為最無所不知的哈利波特迷。然而，我們作為人類會遇到一個問題，亦即我們的身分會限制我們。當我們好不容易爭取到頭銜、扮演某個角色或表現出美德之後，我們卻受其限制，無法跳脫出去。別人會說：「這位是喬安妮，她是打板球的。」或者：「這位是邁克，他當了爸爸，有兩個可愛的小男孩。」別人只說了幾句話，無形的牢籠卻頓時轟然籠罩在你身上，別人就會對你另眼相看。你被期待去做某些行為。邁克不能抱怨孩子，喬安妮不能說自己昨晚其實沒有看板球比賽。

法屬馬提尼克作家法蘭茲．法農（Frantz Fanon）認為這是人類會遇到的狀況。他提出獨特的存在主義論述，將其運用於黑人身上。

法農在一九五二年的著作《黑皮膚、白面具》中指出（他跟沙特的想法一樣，請參閱第六四頁〈沙特談他人〉），所有的標籤和外在強加的身分都會扼殺真實的自我。對他來說，「身為黑人」就是一個例子。然而，身為黑人類似於所有強加的標籤，唯一的不同之處在於，它非常不好。「黑人」是一種被強加的標籤，依舊是所有人或多或少必須努力去解決的問題。法農寫道：「被自卑所奴役的『黑鬼』，被優越感所奴役的白人，全都顯得神經兮兮。」每個人都受到標籤綁架而貶低了自己。

法農看到人需要某些條件才能創造自己，但黑人卻沒有這些條件。他借用黑格爾的「主奴」觀點（請參閱第七〇頁〈黑格爾談主人和奴隸〉），認為我們必須參與並遭遇另一種自我意識，才能發展出本身的自我意識。然而，在殖民者或種族主義者的眼中，黑人根本不被這樣認可。白人會論斷黑人，將其轉變成「其他客體之中的客體」。黑人是以有別於白人的方式去意識到自己的身體。他們飽受限制、遭到分類、受人貶抑，並且被冠上「黑鬼」之類的蔑稱。

法農認為，這樣通常會導致兩種反應，但兩種都不對。

黑人偶爾會擁抱這種身分，慶幸他們是黑人。然而，這樣只會物化自己，跟白人物化黑人並沒兩樣。法農寫道：「我絕不該去努力復興一種不公不義、未被世人認可的黑鬼文化。我不會著眼於過去，讓自己成為守舊的人。」

有時候，「黑人想變成白人」。他會「穿上白人為他縫製的衣服」，試圖表現得跟白人一樣。當然，這樣做根本是在幹傻事，虛偽作假。

我們不知道法農的真正想法，但他似乎突顯了人類種族都有的焦慮。然而，這並不是追求白人和黑人之間的平等。從自我實現來看，確實有高低之分。白人可能會因為要如何成為真正的自我而煩惱不已。黑人連想要體驗這種焦慮都算是一種奢侈。在這個社會中，種族主義猖獗，身為黑人連感受存在焦慮的能力都會被剝奪。

3 藝術

如果哲學是深入觀察，以及再三觀察，那麼哲學家必然熱愛藝術。為藝術下定義，本身就是哲學難題，在此，本書根據音樂、繪畫、電影、戲劇、歌唱和美學等藝術內容形式來一一闡明。對多數人而言，親近藝術是作為人的基本要素之一，而哲學可以解釋人為何有這種需求。

藝術涵蓋我們表達獨特人類經驗的各種方式，讓他人得以一探究竟。

侘寂——所謂的不完美

殘缺之物也有殘缺之美，好比一處擺設苔痕青青雕塑的庭院、一片枯樹林或一座破敗的城堡。我們看到這些景象，內心深處會迴盪一股傷感。無論老舊、破敗、斷裂、錯配、粗糙或扭曲的事物，都能喚起人對美的傷感。這種感覺難以解釋或理解。

這是日本文化中的**侘寂**概念。

所謂**侘寂**（wabi-sabi，侘び寂び），便是體認和欣賞生命的不完美或無常。然而，我們也能藉此心生共鳴，將自身視為塵世短暫無常的**一部分**。

西方美學傳統可追溯至古希臘，追求美麗，臻於完美。然而，佛教，特別是日本文化，強調萬事無常、欠缺完整和稍縱即逝。兩者差異體現在西方人會雕塑阿多尼斯[31]大理石雕像，東方則有缺口的茶杯。西方追求理想，東方接受現實。

在日本以外的地方，**侘寂**若廣為人知，通常會與設計有關。可能是指日漸坍塌的廢墟、破舊的農舍桌子或不對稱的紀念碑支柱。它經常被當作形容詞，例如：that bench is wabi-sabi意思是「那張長凳很**侘寂**（簡樸粗糙）」。這確實抓住了**侘寂**概念的其中一項元素，但也錯過了一個關鍵。

事實上，**侘寂**更像在描述身為觀看者的你和你正在觀看的客體（對象／物件）之間的關係。嚴格來說，不能形容物件為**侘寂**，而是它會讓我們產生這種感受。當我看到一個墓碑，它已經裂開，上頭長滿苔蘚，美得令人傷感，這是因為墓碑讓我想起自己也會死亡，體會到世間的不完美和萬事無常。有人看見飽經搏鬥而傷痕累累的年老獅子，心湖可能會泛起**侘寂**之感，但另一人看到這頭獅子，可能會想起一首歌，或者某部小說的最後一句話。

日本人對四季嬗遞非常敏銳（他們有「七十二候」），而**侘寂**與此相關。這是要體認蕭瑟淒涼的秋季必來，漫長寒冷的冬季也不會缺席。這也是為了品味生意盎然的春季，體察暑氣旺盛的夏季。我們一直在經歷季節更迭，知道四時變遷，如同萬事萬物，生滅消長。一切都會褪色、損傷、枯萎和蕭條，而**侘寂**便是體認萬物無常的本質。

下次你看到破損或彎曲的物品，不妨去感受其中隱含的淒美。沒有什麼是永恆的，沒有什麼是已完成的，沒有什麼是完美無缺的，世上無處不在反映這一點。

31 阿多尼斯（Adonis）是希臘神話中掌管每年植物死而復生的俊美之神。作者指的應該是陳列於羅浮宮的古羅馬阿多尼斯像。

亞里斯多德談釋放精力

為何有人喜歡看恐怖片？為何「有史以來最棒的電影」總是令人心痛，讓人哭泣？畢竟，從生物學的角度來看，人天生不喜歡恐懼和悲傷的感覺。人有這種天性，才會遠離狼群，或者不會離群索居。然而，為何我們會在閒暇時去體驗這些感覺呢？

亞里斯多德在《詩學》中認為他找到了答案。這位古希臘哲人將其稱為**淨化**（catharsis）。古希臘人隨時隨地都強調適度和節制，若想成為通情達理的公民，更是需要拿捏好這類德行。偉大的古希臘醫師希波克拉底（Hippocrates）認為，人之所以罹患疾病，皆是因為體內液體失衡，他將組成人體的四種液體稱之為「體液」[32]。亞里斯多德認為，這種觀念可以套用到靈魂，人的思想和感覺也需要重新平衡。

因此，所謂淨化，便是我們體驗強烈或不愉快的感覺，然後將它們從心靈中清除。根據亞里斯多德的說法，觀看悲劇是最強大的淨化過程，因為觀眾會心生憐憫和感到恐懼，從而擺脫內心壓抑的情緒。

為何我們大哭之後，整個人往往就感覺好多了？或者為何我們需要長跑來釋放壓力？或者我們感受到愈來愈大的壓力時會去猛灌酒？這就是淨化，人要發洩精力。這是釋放壓力的安全方法，社會也可以接受。其實，淨化具有療效，因此古希臘的公民不必付錢便可看戲，甚至經常還有錢可領。看戲被視為「符合公眾利益」。

箇中理由是，**觀看**悲劇並沉溺於負面的情緒，總好過在現實世界體驗悲劇。與其在現實生活犯下謀殺案，不如去欣賞舞台上演的謀殺劇情。與其對朋友大發雷霆，不如為普羅米修斯受到的折磨而恐懼[33]。看伊底帕斯[34]和母親上床，近親相姦，總比自己在現實生活亂倫要好。

淨化一說最近飽受爭論，各方莫衷一是。有些人認為，亞里斯多德是說要淨化負面和有害的情緒，比如恐懼、憤怒或仇恨，讓內心的情緒得以重新維持平衡。

其他人則認為是要淨化**所有的**情緒。希臘哲學家經常竭盡全力，要將理性置於情感之上，或是將理智置於激情之上（雖然亞里斯多德本人對「激情」的概念遠遠不如他的老師柏拉圖那般敏感），如果我們考慮這點，第二種觀點就比較合理。

如今，淨化一說確實有理。我們經常觀看戲劇和悲劇，也喜歡體驗恐怖和乘坐遊樂場常有的幽靈列車，以便讓自己感覺更為舒服。如果你感到壓抑不安，也許該去淨化一下，讓情緒全部宣洩出來。

32 指血液、黏液、黃膽汁和黑膽汁，這四種體液會對應到四種元素和四種氣質。這種古希臘的醫學理論稱為「體液學說」。

33 普羅米修斯盜火幫助人類，觸怒宙斯。宙斯為了懲罰人類，將潘朵拉的盒子放到人間，再將普羅米修斯鎖在高加索山的懸崖，每天派一隻鷹去吃他的肝，又讓他的肝重新長出來，使他日日飽受痛苦。

34《伊底帕斯王》是一齣希臘悲劇。據中主角伊底帕斯為逃避他將弒父娶母的可怕神諭而離國，卻又在無意之間殺死其父底比斯國王，爾後又被擁護為底比斯國王，娶了其生母。

康德談優美與崇高

狂風暴雨總是帶著絕美之感；我們站在山腳下，時常敬畏天地和感到自身渺小；大海洶湧澎湃，遼闊無邊，深深令人著迷。

對於康德來說，這些是「崇高的」感覺，而且非常美妙。他認為萬事萬物皆可分為兩種審美範疇，亦即優美和崇高。人類看到這兩者都會有所反應，但每個人在不同的情境下會有不同的反應。

大體而言，優美是賞心悅目，讓人愉快。崇高是深邃雋永，意味悠長。芬芳的玫瑰、嬉戲的羔羊、露珠晶瑩的草地是優美的。壯碩的野牛、高漲的潮汐和深邃的峽灣則是崇高的。

康德擴展這種概念，認為人類和人際關係也可以是優美或崇高。

我們或許認識優美的人：這些人機智敏銳，魅力四射，夜晚和他們相聚，他們總是眾所矚目的焦點。他們說話十分無厘頭，讓人懷疑他們或許也很膚淺。

我們也認識崇高的人：這些人高貴誠實，我們遇到問題，便會請教他們。這些人很可靠，會從旁幫助我們，但偶爾會令人覺得他們悶悶不樂，甚至無聊乏味。康德認為，崇高是更好的性格（也許因為他正是那種類型的人）。

然後，康德又繼續拓展這種理論，將其轉向了性別（女人是優美的，男人是崇高的）。他還討論到國家，但他顯然是徹頭徹尾的種族主義者。

法國人是優美的：他們是花花公子兼「調情聖手」。英國人最棒，講究原則，為人崇高。西班牙人「喜愛冒險……令人畏懼」，但他們征服新世界，因此也算是崇高的。日本人是「東方的英國人」（聽似恭維，實則譏諷），而康德最低劣的種族歧視言論，莫過於他認為「非洲的黑人天生就讓人感到荒謬至極」。所有的國家都被如此區分，讀完康德的論點之後感到很有趣。無庸置疑，德國人當然完美體現了優美和崇高這兩種概念。

康德所舉的諸多例子如今看起來很奇怪，這點毫無疑問，有些例子甚至令人反感。然而，簡單區分這兩種概念還是頗為吸引人，無論在漫步於玫瑰花叢中，或者聆聽落雨敲打門窗的聲響之際，我們都可以將這個觀點連結至生活。

叔本華談音樂

音樂有點神奇，能夠讓我們脫離自己，跳脫生活，然後進入……嗯，哪裡呢？那是沒有自我的地方，除了音樂和當下，什麼都不存在。你有沒有發現，我們描述音樂的語言偶爾跟講述宗教的語言很類似？那是難以言詮的境地；彷彿浩瀚無垠，有如失去自我，很難用天賦自然或人類演化的概念來詮釋。

亞瑟．叔本華深切了解這點，撰寫了不少文章來討論超然和神祕的音樂體驗。

藝術或多或少代表某種東西。無論繪畫、攝影或雕塑，都是攸關某人或某物。小說或電影都是討論某種形式的人際關係。甚至詩句也會運用隱喻和象徵去探索事物。然而，音樂代表什麼？作曲家或音樂家開始寫歌時發生了什麼？他們想要追求什麼？正如叔本華寫道：「音樂……與眾不同。我們找不到複製的音樂。」音樂屬於自己。音樂是為了音樂而存在。

在叔本華的眼中，音樂不代表世間的任何客體，而是表達人類生命的結構：這種生命的原動力是動態且不斷向前邁進，他將其稱之為「意志」（請參閱第六二頁〈叔本華談無聊〉）。音樂在我們的靈魂中迴響，因為它是完美的，優美的，也是審美的，足以表達我們的本性。不僅是人的本性，還有自然界的本性，自然也有意志。叔本華認為，音樂領域中的「音調解決」[35]令人滿意，例如「完全終止」[36]就是和弦必須先回到「主調」。解決之所以令人滿意，因為它反映了我們意志的奮鬥前進。是故音樂的「解決」讓人感到很舒服。
叔本華說到這裡便有點興奮了。他認為，四部和聲（four-part harmony）的每個聲部都反映了世界的某一部分。男低音與礦物界和科學界討論的力量（比如重力）有關。男高音是植物界，女低音是動物界，而主調旋律的女高音則是人類的「無拘無束的自由」和「啟發開明的意志」。在叔本華的眼中，音樂確實代表一切事物。
因此，我們都應該將自我和個性交給音樂，成為能夠享受「永遠安寧祥和」的「無意志的純粹主體」。音樂可讓我們從意志逃脫，因為它消除了自我。音樂能帶我們到一個讓我們滿足且超越一切的境地。

35「音調解決」（tonal resolution），「解決」指從不和諧音向和諧音的轉變或過渡，又稱「漸諧」或「趨諧」。凡是音樂作品，建構時都會先設定某個準則，然後偏離，最後再回到這個準則。
36「完全終止」（perfect cadence），又稱「正格終止」，這是最普遍的終止方式，讓聽眾有結束和解脫的感覺。

歌德談色彩理論

除非你熱愛藝術，否則可能不會考慮太多自己和顏色的關係。你若想加以補救，請思考下面的問題。

你寧願被描述為粉紅色或灰色？
紫色或棕色，哪個顏色比較好聞？
紅色和黃色相互較量，哪個會贏？
藍色或綠色，哪個參加派對時會更受歡迎？

顏色不只是人能看到的各種色調。顏色被包覆於聯想、隱喻和情緒建構的網絡之中。顏色會影響人對於經驗的態度，而約翰·沃夫岡·馮·歌德（Johann Wolfgang von Goethe）是最早去正視顏色的學者。

歌德認為《色彩理論》（*Theory of Colours*）是他最好的作品。這本巨著套用（但是誤用）牛頓對光的科學解釋，隨後長篇大論，探討顏色對人有何意義。歌德被視為是德語界最偉大的作家，《色彩理論》一書雕金飾玉，文采瑰麗，詳述主要色彩如何喚起各種情緒與聯想。

例如，紅色展現「隆重莊嚴」的效果，黃色具有「寧靜、愉悅、柔和的特性，令人感到興奮」，藍色「給人一種冷酷的印象，並且……會讓人聯想到幽靈」。藍色房間會顯得更大，但是「空曠而寒冷」。這是源自於十九世紀法蘭克福[37]的風水。

英語只有十一個基本的顏色術語（譬如綠色、灰色和紅色），而其他的顏色術語都曾是某個物體。紅紫色（Burgundy）是法國勃艮第紅葡萄酒，棕褐色（sepia）是烏賊的墨汁，而琥珀色（amber，琥珀）、青綠色（turquoise，綠松石）、深紅色（ruby，紅寶石）和翡翠綠（jade，翡翠）都是寶石。粉紅色（pink）只與某些花（石竹花，英文名為rainbow pink）有關，甚至橙黃色（orange）也直接以「柳橙」這種水果命名。如此看來，多數的英語顏色其實都是隱喻[38]，難怪它們會與某些情緒有關聯，歷來頻頻被人使用。

不同的文化通常會以不同方式去區分顏色，即使兩個生長於同一種文化成年人也可能對模稜兩可的色調看法不一，存在分歧。你能分辨深紅色（crimson）和緋紅色（scarlet）嗎？天藍色（Azure）和藍綠色（cyan）呢？六歲以下的兒童根本區分不了這些顏色。

因此，令人討厭的哲學家還是會去想盡辦法探討顏色。我們的頭腦會用情緒和感覺來識別世間的色彩。我們透過自身的色彩偏見來經歷生命中的每一刻。

37 歌德出生於神聖羅馬帝國的法蘭克福。

38 「隱喻」的英語metaphor源自希臘語metaphora，有「轉移或轉換」之意。所謂隱喻，便是取兩種不同的事物，將其中一物說成「等於」另一物。眾所周知，「藍」表示憂鬱或悲傷，「紅」則代表激進或左翼。

哈拉瑞談集體迷思

你有沒有想過，錢是一種很奇怪的東西。你拿出一張很骯髒的紙，無論農民、化學家或裁縫師都會收下它，然後給你一些有用且非常真實的東西。全世界的人都認同一件事，亦即紙片（紙鈔）或金屬（硬幣）的帳面價值超出了其物質價值。簡而言之，這就是一種**集體迷思**（collective myth）[39]。

以色列歷史學家尤瓦爾・哈拉瑞（Yuval Harari）在他近期的著作《人類大歷史》中指出，這些迷思是決定性的技術，讓智人（Homo sapien）逐步演進，最終發展成今天的我們。

我們身處「後存在主義」的世界。「上帝已死！」尼采喊。「存在先於本質。」沙特一邊喝著香醇的雞尾酒，一邊如此說道。我們不再認為宇宙有絕對的真理。任何道德、宗教或信仰或多或少都得依賴信仰。然而，我們仍然憑藉它們而過活。在哲學界之外，少有虛無主義者和激進的懷疑論者。為什麼呢？哈拉瑞指出，因為創造和相信「迷思」乃是深植於人性。

這些迷思司空見慣，偶爾很難窺探它們的本質。茲舉「國家」的概念為例。一個國家的邊界只是地圖上繪製的線，而劃線的日期通常比我們認為的要晚得多。然後，那些認為國家和民族主義是便於操弄的迷思的傢伙會重新繪製或消除國界。一隻鳥會在乎自己是否從法國飛到德國嗎？然而，塞爾維亞人只是基於這種虛構的國界，便甘冒生命危險去拯救另一個塞爾維亞人。

讓我們再來討論錢。錢是最具體的集體迷思案例，目前仍在運作。我們幾乎都不會去思考這個問題，因為我們完全相信了這個迷思。我只是假設別人會收下這張紙，然後給我遠比這張紙更好的東西。

當然，還有更難以消化的例子。人權、宗教和政治意識形態，以及平等、民主和公平，這類概念全是迷思的一種。如果我們想保留它們，就必須一次又一次承諾自己會履行它們。

如果哈拉瑞是對的，人能夠沉迷於這些迷思，個人和全人類才能欣欣向榮。我們不僅能描述現實，還能**創造**現實，讓大家彼此合作、共同奮鬥和一起進步。

39 myth 一詞指虛構的信念、杜撰的人事或無稽之談。

榮格談角色選擇介面

英雄在**情人**身旁醒來，但睡眠不足而眼皮沉重。她看著手機，發現身為父親的**照顧者**正打電話給她，想問她近況如何。她沒搭理。**英雄**上班時和老闆**魔術師**會面，然後和顯然尚在宿醉的**弄臣**和談論他放假時去徒步旅行的**探索者**一起吃午餐。她晚上回到家時，又再度變成了**陰影**……

歡迎各位體驗榮格的「原型」！

瑞士精神分析學家卡爾．榮格（Carl Jung）是佛洛伊德（Freud）的老朋友和追隨者（兩人晚年卻分道揚鑣）。然而，佛洛伊德專注於詮釋個人潛意識，但榮格卻專注於他所謂的「集體潛意識」（collective unconscious）。

榮格認為，任何社會集體都有支配行為的普遍結構。這些便是他所謂的「原型」。簡而言之，它們是可接受且可行的方式，而社群允許其成員做出如此的言行舉止。這有點像電玩遊戲一始的角色選擇畫面。

今天你要扮演誰？純潔無邪的**少女**？與自然界融合的**動物**？飽讀詩書且深思熟慮的**魔術師**？笑看世界的**弄臣**？

榮格認為，這十二種原型效用很強，人類會永遠外化它們並將其隱藏在我們的故事、神話、歌曲和傳統之中（請參閱第一六二頁〈坎伯談「歷來的每一則故事」〉）。例如，《魔戒》的佛羅多、《哈利波特》主角哈利・波特、《冰雪奇緣》的艾莎和《星際大戰》路克・天行者都是**英雄**。《魔戒》甘道夫、《哈利波特》鄧不利多、《冰雪奇緣》佩比和《星際大戰》尤達則是**智者**。《魔戒》皮聘、《哈利波特》海格、《冰雪奇緣》雪寶和《星際大戰》C-3PO全都是**孩子**。

不僅如此，我們還誇大這些原型並將其視為神來敬拜。人們將洛基或荷米斯視為**騙子**，或者將愛芙羅黛蒂和維納斯視為**情人**。即使信奉一神論的基督徒也將聖母瑪利亞視為**少女**，將聖父視為**智者**，以及將撒但視為**陰影**。

此處必須指出，上面列出的是行銷和流行文化中經常使用的原型概念，並未與榮格著作中條列的原型完全符合。榮格的確曾替他眾多的原型命名，但它們與後來使用的角色扮演類型名稱相比，其定義要寬鬆得多。榮格自己列舉的例子比較鬆散，但與我們的現代版本相比還不至於相差太遠，所以不能說現代版本是簡化了或被扭曲了。

榮格至今仍然能夠引起我們極大的共鳴。我們都覺得似乎有某種預定的行為，而且我們可以扮演的角色非常有限（就算我們不同意榮格原本列出的十二個原型）。從哲學上來講，榮格與存在主義者並駕齊驅，而榮格也和他們一樣，認為人要快樂，就需要超越原型的界限，邁向「個體化」，如此方能塑造自己的性格。我們必須在人生遊戲中的角色選擇畫面上量身打造理想的自己，這樣才能追求自由。

小丑談虛無主義

人會投入時間、金錢和精力去做毫無意義的事情，這是極為荒謬的。然而，當我們幹這些事時，卻是非常認真。粉絲會在雨中站好幾個小時，只想親眼一睹流行歌星的迷人風采。集郵專家會花費一個月的薪資去收藏一九三一年威瑪共和國[40]發行的全部郵票。電玩玩家會兩晚不眠不休，要在上帝模式擊敗那個大怪物。這樣做有何意義呢？我們為何要這麼做？為何要如此認真？

在諾蘭的電影《蝙蝠俠》中描寫的角色小丑（當然，還有他參照的原始ＤＣ漫畫的同名角色）背後存在一種荒謬，可能會讓我們找不到生存的理由。在小丑的所有詭計之中，他嘲諷和挑釁的虛無主義可能是最可惡的。

小丑生存的世界沒有任何價值觀，處處只見混亂，一切毫無意義。他認為人類和社會只是稍微擺脫了瘋狂的無政府狀態。小丑指出，人們「一遇到麻煩，便會拋棄」平常掛在嘴邊的道德和準則，而他看到「人們試圖掌控事物，便認為人們非常可悲」。

小丑看不到世界的秩序，也認為我們無法將自己與任何事物綁在一起。小丑會「製造混亂」，認為人類的「文明」被美化了，只要幹下一件恐怖行徑，社會就會陷入完全無政府狀態。就心理學而言，人只要經歷一次創傷，便會精神錯亂。小丑形容：「瘋狂就像重力，只要輕推一下，人馬上就會陷入瘋狂。」

此處之所以有虛無主義，得歸功於尼采，因為他認為世界若沒有上帝和宗教，人就會虛懸於毫無價值且主觀的空虛狀態。此時，「真理」就等於權力。尼采就像小丑，認為人會困惑、迷失方向，而且「不斷陷入」這種虛無之中。他提出的解決之道是，我們應該按照自己的意願來投入生活，或者，正如小丑所言：「要在這個世界上生活，唯一的明智做法就是不遵循任何規則。」

小丑哲學的核心概念根本是胡說八道，但要駁斥它卻很困難。卡繆在《薛西弗斯的神話》（請參閱第六〇頁〈卡繆談荒謬〉）中指出，我們要抱持不可思議的荒謬態度，漫不經心地面對生活。小丑便是這樣做。他看到世界毫無價值觀，便坦然接受虛無，說道：「你要歡笑，與其解釋有什麼東西正扼殺著你的內心，笑還比較容易。」

40 威瑪共和國（Weimar Republic），根據威瑪憲法而建立，國祚從一九一九年到一九三三年，希特勒上台後改為第三帝國（Third Reich）。

尼采談「太陽神精神」和「酒神精神」

你是否曾經坐下來看電影或看書，卻發現兩個小時突然就過去了？你是否有過身臨其境的體驗，讓你可以完全忘我，從這個世界完全抽離？

這些情節是弗里德里希・尼采在一本討論藝術和美學的巨著中所說的「酒神精神」（Dionysian）[41]。

尼采大量借鑒古希臘人和叔本華的概念，認為文化和藝術都能分為兩類：「太陽神精神」（Apollonian）和「酒神精神」。人都有與生俱來的意識，因此可欣賞這種精神，而它們反映了人在本性上的兩個層面（不同的人有不同的比例）。

太陽神精神是明確定義和理性的事物。呈現幾何美感的建築和輪廓分明的雕塑是「太陽神精神」的最高形式。它勻整有序，有條不紊。它是解題完成的數獨[42]、金門大橋（Golden Gate Bridge）或人工智能（AI）的演算法。

人若是有「太陽神精神」，可能具備邏輯思維，比較喜歡讀教科書而不愛看小說，偏好科學，不那麼喜愛藝術，而且喜歡井井有條的事物。

酒神精神是混亂而非和諧。它是瘋狂、熱情和狂想。尼采認為音樂是「酒神精神」的頂峰，因為它向聽眾展現一種空虛的魅力，這就像瘋狂一樣（請參閱第八六頁〈叔本華談音樂〉）。「酒神精神」就是連續三個小時埋首讀書、著迷於Netflix影集而欲罷不能，以及毫無節制縱情狂歡。它是純粹而強烈的現象。

人若是有「酒神精神」，可能會脫序狂野和不可信任，但也可能很有創造力、想像力豐富且揮灑自如。他們不加思考就貿然行動，不先觀察地勢就直接一躍而下。

對尼采來說，最純粹、最偉大的藝術是結合「酒神精神」與「太陽神精神」，而古希臘悲劇正是如此。然而，尼采更重視「酒神精神」，認為這便是做人的本質。它是一種熱情，超越呆板的抽象概念。

將所有藝術一分為二確實過於簡化（猶如網站BuzzFeed的測驗題，或者偽科學的「左腦與右腦」爭論[43]），但尼采的構想有點吸引人。我們會從不同角度去欣賞芭蕾舞和牛仔舞，對大教堂和一本書的看法也有區別，這點毫無疑問。無論如何，這兩種概念可以讓我們用全新的視角去欣賞藝術，這至少絕對不會是壞事。

---

41 又譯戴歐尼斯精神，戴歐尼斯為古希臘神話中的酒神。尼采在《悲劇的誕生》中採用「酒神」與「太陽神」作為一組二元對立的精神典型。

42 一種數學邏輯遊戲，考驗人的邏輯思維能力。玩家需要根據格子提供的數字推理出其他格子的數字。

43 左腦抽象和右腦具象的說法。

阿多諾談文化工業

你是否曾經看了一部晦澀難懂的外語電影，然後心想：「我到底看了什麼？」你上一次看見、閱讀、聽到或觀賞你根本無法理解的古怪藝術品是什麼時候？文化深入我們的生活，隨處可見，俯拾皆是，因此很難理解這一切都是人為的。除了少數例外情況，我們所看的每一部電影和讀的每一本書都遵循類似的形式和主題（請參閱第一六二頁〈坎伯談「歷來的每一則故事」〉）。他們還建立了某些規範或價值觀，我們甚至都未曾留意這點。

這正是德國哲學家提奧多．阿多諾（Theodor Adorno）在「文化工業」（culture industry）中所看到的。他認為這是壓抑人性和令人麻木的危險現象。

二十世紀初期，歐洲的馬克思主義者都在問一個問題：為何無產階級工人並未起身反抗壓迫和剝削他們的資產階級？馬克思早已預測到這點，但所有促成反抗的條件已經都滿足了，然後又消失了。阿多諾找到了答案。他直指現代文化，聲稱它營造了一種「假意識」（false consciousness）。

阿多諾認為，統治階級將「文化工業」打造得非常成功，使得民眾根本不想去發動革命。資本主義已經確立某些神聖和絕對不可侵犯的美德和價值觀，而且推銷資本主義謊言的電影、書籍和歌曲不斷強化這些美德和價值觀。這個謊言已經被人內化並被視為理所當然，甚至連受壓迫的民眾也瞧不出端倪。

但這是什麼謊言？受壓迫的人接受了什麼「假意識」？阿多諾接受馬克思的觀點，認為它就是「商品拜物教」（fetishism of commodities）。這是一種思維方式和價值體系（近乎痴迷），認為每樣東西都有交換價值，並且根據要使用的物品來看待世界。這種體系環繞的「謊言」便是一切物品都有價格，生命的本質是自私和貪婪的。

因此，每一部電影都在兜售「白手起家」的故事，講述一個吃苦耐勞的傢伙和菁英競爭後獲勝，每一首歌曲都在炫耀財富和推崇奢華生活，每一本書都在描述昂貴的鄉村豪宅或上流社會生活，這些都緩慢、一點一滴將假意識植入人心。價值來自財富。貪婪是好的。這都是「文化工業」的一部分，已經讓人們心神遲鈍、抱怨攻擊的尖牙遭拔除，讓人無法抵抗。原本可能會發起革命的人就變成了那些說「算了！沒辦法啊！」的人。

阿多諾認為，要發起一種文化戰爭來處理這種情況。文化必須從商業手段蛻變為它本來的目的。藝術應該要挑戰、抵抗和賦權（empower），而不是麻痺人們，讓人變得幼稚。藝術應該讓我們憤怒，因為要憤怒的事情實在太多了。

薩諾斯談生態恐怖主義[44]

你已經仔細想過了，但你只有兩種選擇：一是做一件非常邪惡的事情，二是讓更糟糕的事情發生。你該怎麼辦？你認為邪惡的行為比更可怕的**不作為**（inaction）還要糟糕嗎？

薩諾斯（Thanos）是漫威世界中泰坦星的永恆族。他離經叛道，幾乎無人能敵，而上述問題便是他面臨的困境。

薩諾斯思考良久，得出一個悲哀的結論：生命只能通向死亡和遭遇苦難。他指出：「宇宙是有限的，它的資源有限。如果不控制生命，生命將不復存在。」

戰爭終將爆發，兒童會營養不良，整個宇宙都會遭殃。他下了結論：「必須扭轉局面。唯有我才知道這一點。至少我是唯一願意採取行動的人。」

薩諾斯有兩種選擇：要麼用他的巨大力量親手滅除大部分的生命，要麼袖手旁觀，讓整個宇宙在令人窒息的反烏托邦世界中枯萎、腐爛，最終邁向死亡。

這個問題其實是「電車難題」（Trolley Problem）的改版。英國哲學家菲利帕・福特（Philippa Foot）在一九六〇年代首次提出這個倫理學的思想實驗，受測試的人會面對兩難：一是改變失控電車所走的軌道，讓它只壓過一個人；二是什麼也不做，繼續讓電車按照正常路線去碾壓五個人。

福特的解決方案是「雙重效果論」（doctrine of double effect）的某個版本。「雙重效果論」可追溯到阿奎那，內容是說：如果是故意導致壞的結果，行動就是錯誤的；然而，假使可預見壞的結果，但局勢不可避免，則該行為就是受允許的。這是一種附帶損害（collateral damage）的學說。

由此看來，薩諾斯是錯誤的。他畢竟打算殺死多數的人，這種行徑是邪惡的，比放任各種邪惡發生都還要糟糕。然而，真的有確切的答案嗎？

換句話說，此處的選擇困境是：規則對上「更大的利益」（the greater good）[45]，或者結果對上「教條」（doctrines）。殺死一頭四處流浪的餓狼，顯然比讓牠吃掉一群慌亂的孩子更好。假使一彈指之間，便可抹去百分之五十的生命，讓其餘生命的生活品質大幅提升，這個目的何錯之有？

那麼，誰是對的呢？如果只要「好人無所作為，邪惡便會盛行」[46]，那麼薩諾斯就是漫威電影宇宙中唯一的好人。假使你像薩諾斯一樣擁有賦予你至高權力的無限寶石[47]，你會怎麼做？

---

44 英語 ecoterrorism。

45 為了多數人的幸福、好處，或利益。

46 愛爾蘭政治家埃德蒙・伯克（Edmund Burke）說過的名言。

47 貫穿漫威電影宇宙的六顆虛擬寶石，具有異常強大的威力。一旦擁有這六顆寶石並同時運用它們，便可接近全能、全知與全在。

日本美學——談空白

我們幾乎從不關注空無一物的空間。請各位看看包圍下面單字的空間：Itsmucheasiertonoticewhenitstakenaway[48]。每個字母、單字、形狀和物件都是由周圍的空間所定義。不僅如此，我們的每一種想法、關係和思維同樣是由我們給予它們的空間來定義的。

這便是日本人的**間**[49]背後所隱藏的理念。這種概念起源於中國道教，卻是典型的日本思維，並在一九七〇年代由建築師磯崎新推廣而廣為人知。

間是我們讓事物無法連貫的空間，以便讓這些事物能夠存在並帶有意義。從設計來看，這可能是將空間插入兩個形狀之間。無論畫家或室內設計師，他們都會仔細思考空間的作用，但**間**同樣牽涉哲學理念。

日本的寺廟通常坐落於路的盡頭，通常要爬坡或沿著沒有鋪砌路面的道路，費盡千辛萬苦才能抵達。這是參訪寺廟的必要行旅，旨在讓人頭腦清醒。一切都是要營造心理空間。

西方人與日本人談話時，經常發現日本人會停頓很久，不把話說透，讓他們不知如何應對。專心聆聽和靜心反思與分享意見或去填補「讓人不舒服的」沉默空白同樣重要。這些都是**間**的例子。

間是體認空間和沉默都各自擁有巨大的力量。兩人談話時，最好雙方能夠停下來，聆聽對方說些什麼。若能花點時間去反思所聽到的話語，那就更好了。人要是激烈爭吵，彼此互嗆，根本不會頓悟；反之，數小時或數年之後，在某個冥想凝思的時刻，或許會萌生出不錯的想法。**間**是讓這些想法成長所需要灌溉的清水。

我們如今會使用「心理空間」或「停機時間」之類的術語，這些術語便包含巨大的**間**元素。然而，**間**無處不在。**間**是定義孔洞的那個中空，是將個人與人群分開的間隙，是讓你可以讀懂一句話的空白。它不僅是一種缺乏，或稱虛無，更是萬物賴以生長的園地。

---

48 意思為：它被拿開來會更容易被注意到。

49 間（Ma），日語為ま，指「負空間」。

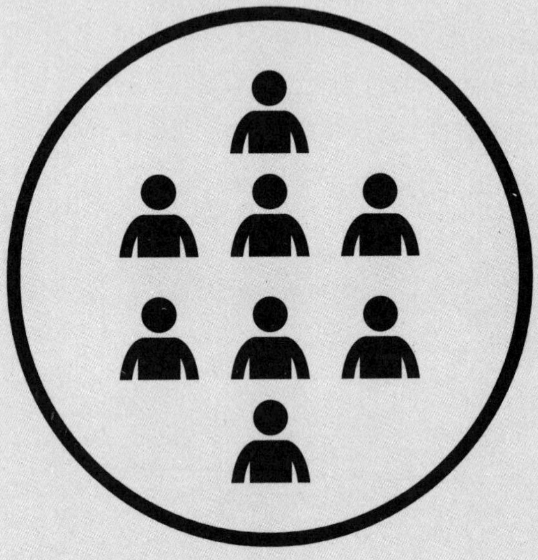

4 社會和人際關係

亞里斯多德曾說，做人就是與他人一起生活。所有人或多或少都和他人維持某種關係。我們既是某個人的子嗣，同時也是人類這個物種的一分子。一切都介於這兩者之間。我們不得不生活在社會之中，我們生來就是如此，這種特質深深銘刻於基因。

社會牽涉到我們會如何共同生活在一起，而人際關係就是人們對待彼此的態度，它既屬於個人，也會影響彼此的生命。

柏拉圖談真愛

人都會變老。我們可以無視和否認這點，然而……總有一天，我們出於虛榮而炫耀的一切都將破滅消失。我想問一個問題：如果我們在年輕俊美時和某人邂逅，愛這個人意味著什麼？當我們用言語或行動向某個人示愛之後，一旦對方完全變了模樣，這時又該如何？

柏拉圖執筆談論愛的意義時，考慮的就是這點。

柏拉圖根據他對身體和靈魂的觀點來建構他的愛情理論。他認為，人只是受限或被包裹在身體裡的靈魂。

靈魂是人最純粹的本性，能讓我們超越這個腐敗和虛幻的世界（請參閱第二五二頁〈柏拉圖談看到光〉），從而思考真正完美的現實，亦即「理型世界」（world of forms）[50]。「理型世界」潛伏在表面上的「現實」背後。透過靈魂，可以看見「真理」。

柏拉圖理解這點之後，認為愛分成兩種理型：一是世俗（earthly）的欲愛，二是神聖（divine）的欲愛[51]。

庸俗的欲愛著眼於物質，是虛榮和膚淺的。它是吸引力、性欲和欲望，只牽涉快樂，而隨著我們皮膚下垂和頭髮花白，這種愛就會暗淡無光。我們如今可以稱之為迷戀（infatuation）或喚起（arousal）。這是對身體的欲愛。

純潔的欲愛是欣賞他人的靈魂。它能看到對方最真實和深刻的自我。這種愛不受容貌變化所影響，無論外在風霜如何影響軀殼，它都一如既往，深厚忠實，不會改變。這是一種承諾，著眼於本質，不受任何改變所影響。它是兩個心靈的親密擁抱，這是對靈魂的欲愛。

如今，**柏拉圖式戀愛**表示沒有性欲的精神戀愛。這是希望看到愛戀的人活躍煥發，從對方汲取精華。柏拉圖本人並未明確指出要排斥性欲，但我們可以說，他認為只要超脫肉體和性欲，偶爾可以達到精神戀愛，而且能夠**藉由**身體去窺探另一個人的靈魂。

因此，如果你年老又虛弱，頭髮灰白，滿臉皺紋，但有幸能和另一個不在乎你容貌的人牽手，不妨去思考柏拉圖的欲愛。

真愛並非輕率盲目，而是洞悉一切；它超越了外表。這是兩個一起被流放的靈魂彼此擁抱和陪伴。

---

50 理型是一切事物的原型。柏拉圖認為，所有事物都有理型，一切皆從理型分展出來。

51 作者原文使用love，而柏拉圖在〈會飲篇〉（Symposium）中是用「厄洛斯／欲愛」（eros）這個字。

蒙田談宣洩錯地方的激情

妳那天實在很倒楣。老闆把妳叫進辦公室，想跟妳「談談」，最後把妳數落了一頓。妳喝咖啡時，又燙傷了舌頭。妳還忘了帶傘，結果淋溼了，感覺自己快要感冒了。所以妳晚上回家時對老公大發雷霆，看到一些雞毛蒜皮的小事就抓狂。妳老公有點困惑，心理也有點受傷。

這種時候，十六世紀的法國哲學家蒙田完全知道一個人是哪裡出了問題，才會把怒氣發洩到錯誤的對象上，只要了解這點，便能看到箇中的荒謬。

人是充滿激情的物種，會將內心感受全都宣洩到這個世界。我們會對人事做出反應，然後內心的憤怒、愛戀、恐懼和好奇便會傾洩而出。其實，有感覺就表示會以某種方式去**反應**。我們會出於情緒而反應，偶爾甚至會被迫以某種方式去行事。我們需要宣洩激情。蒙田寫道，激情需要「瞄準某個目標，然後對它發洩」。

如果我們愛一個人，就會被迫去關心或保護對方。假使我們害怕某個東西，我們就會退縮或與其抗爭。

蒙田認為，一旦人無法透過適當途徑去表達激情時，就會「欺騙」自己，然後「創造一個虛幻的主體」，對其盡情發洩。我們甚至會對自己發洩情緒。蒙田以憤怒為例來說明他的觀點。他發現人發怒時，經常將憤怒轉向無生命的物體，這點非常荒謬。我們會砸電腦鍵盤、燒掉偷腥情人的衣服，或者搥打牆壁。牆壁無辜，它可沒犯錯。

羅馬時代的希臘作家蒲魯塔克（Plutarch）也曾在人的感情中發現類似的情況。他看到人們經常非常著迷於自己的財產或「不值得關注的物件」，只因為他們沒有更完整的人際關係可以去釋放這些情緒。他認為，人只要無法從別人身上找到慰藉，便會依附自己的物件去找尋安慰。

如今的精神分析學家將這種行為稱為「替代作用」（displacement）。人不會對讓自己生氣的對象發脾氣，就像上述的妻子會對丈夫大吼大叫，因為她把老公當作老闆的替代對象。這點揭露了不少人處理情緒的方式。我們有了這些知識，便不會沉迷於虛幻的偶像，也不會意外傷害到自己最愛的人。

德．格羅奇談關愛的父母

一切都要追溯到我們的父母。你不必待在維也納捻弄鬍鬚和抽雪茄才能體會雙親對你的影響。父母教我們認識世界，告訴我們如何為人處事，還會照顧我們的吃穿。最重要的是，他們會當我們的後盾。沒有人是孤身一人出生在山上的。人是群體動物，需要彼此關照。

十八世紀的法國哲學家蘇菲．德．格羅奇（Sophie de Grouchy）觀察到這種現象而得出結論，認為人唯有與他人合作才能發揮道德。她指出，人在呱呱墜地時所獲得的愛，將會定義並塑造他的整體道德觀。

我們在降臨世界的那一刻，便開始依賴別人。嬰兒只要沒人照顧關愛，供他吃喝，根本無法活下去。照顧嬰孩的人通常是父母，但也有可能是奶媽或親戚，甚至是國家僱員。人類「注定要緊密依賴每一個人」。

如此一來，我們一開始便知道，「自己能夠活著，應該歸功於他人」，也知道我們無法離群索居，或者「漠不關心」別人的痛苦，而且看到別人快樂，也會感到高興。人生的第一課便是，如果我們受苦，別人會幫助我們。因此，我們自然而然會與周遭的人協調一致。同情、道德和善良無不起源於「從搖籃開始」的依戀時刻。

蘇格蘭哲學家亞當．斯密（Adam Smith）認為，同情源於自利（self-interest）。人會將自身的欲望、需求和感受投射到他人身上。然而，德．格羅奇不認同這種論調，認為這樣是誤解了人。她認為，人在生命的最初時刻感受到連結和依附，因此看到別人受苦便會同情他們。因為別人感受到痛苦，所以我們也感受到了。

如果我們的道德同情出於我們最早的人際關係，這些關係的質量將與我們有多少同情心成正比。換句話說，假使我們在幼年時更加依賴別人、與人更加緊密聯繫，或者受到更多的關愛，我們就會更加同情別人。有鑑於此，我們應該扭轉所有的教育和兒童保育法律，也要翻轉幼童的社教程度，以便強化這些連結。

德．格羅奇和許多女性哲學家一樣，歷來都遭世人所忽視。然而，從她的想法和著作來看，德．格羅奇遠遠領先於她的時代，體認到現代心理學不斷驗證的觀點：愛會創造愛，善良會造就善良的人。父母真的要照顧好子女，他們才能具備完整的人格，整個人朝氣蓬勃，生活快樂，而且具備道德良知。

梅鐸談看到人最好的一面

我們看到別人時，對他們會有很多想法。我們會下意識地抱持許多認知偏見，這些偏見會爭先恐後，影響我們對別人的看法。我們看到每個人時，還會心懷對他們的記憶、感知和感受。我們可能會清清楚楚記得某人說過令我們心寒的話，因此會謹慎應對和保持沉默。我們也可能會認為某人的聲音很煩人，於是轉而與另一個人交談。無論我們是不知不覺或出於潛意識，都會把自己牽扯到某一段關係之中。

英國作家艾瑞斯・梅鐸（Iris Murdoch）使用「關注」（attention）這個詞語時，便要我們警惕這點。如果我們能按照這種想法來行事，無疑會給世界帶來更多的光明和愛。

梅鐸一開始是哲學家，然後成為著名的小說家，但我們可以從梅鐸的言論中抽絲剝繭，找出她的想法。她反對日益流行的道德相對主義（moral relativism，這種觀點認為道德因人而異），也反對以人為中心的是非觀。梅鐸認為，人既能知道又可參與這個世界的某些道德情境。做出善良、殘忍、慷慨或自私的行為，從客觀來看，就是做好事或幹壞事。梅鐸談論道德時，偏好使用「觀視」（vision）一詞，而不喜歡使用「選擇」（choice）。這更像是人必須運用的特殊第六感。我們是看到正確的事情，而非選擇去做正確的事情。

因此，「關注」是人人都具備的道德能力，能夠以某種方式看待他人。這是為了要看到另一個人的善良之處。根據梅鐸的說法，「關注」某人是「以公正且充滿愛意的眼光去凝視一個人」。這是看透一個人的複雜性格、過往歷史和奇行怪癖去感知他，而且只看到對方最好的一面。這是接受、容忍、鼓勵和支持一個複雜而完整的人，不要耿耿於懷他的不堪往事。我們絕不能揣測別人心懷惡意，或者坐等他們失敗，反而要懷抱希望，用愛去「關注」他們。我們不該帶著批判的眼光去看待他人。

這並不容易做到。梅鐸是佛洛伊德的忠實信徒，知道人很難去捐棄自身的態度或偏見。要做到這點，必須依靠她所謂的「消解自我」（unselfing）。這就是把自我掛在門口，將包袱留在家裡，把目光轉向外界，不要只顧自己的利益。

你下次遇到某人時，試著運用梅鐸的「關注」。不要像往常那樣看待他們，而是要看到對方最好的一面。將他們視為不會做錯事的人，認為他們天性善良。看看他們有何能力，也去欣賞他們的複雜性格，從中體認做人到底有多難。如果我們都這樣做，世界必定會更加美好。

韋伯談熬夜工作

妳又看了手錶。現在是下午六點半，老闆還要開會，沒有要散會的意思。為何此時沒有人敢說句公道話？妳已經給老公發了簡訊，告訴他妳很晚才能下班。等妳回到家的時候，孩子們早就上床睡覺了。妳為何還要工作？最糟的是，妳想要下班，但為何會為此感到內疚？

德國的社會學家馬克斯・韋伯（Max Weber）在他一九〇五年出版的《新教倫理與資本主義精神》（*The Protestant Ethic and the Spirit of Capitalism*）可能給出了答案。

韋伯在二十世紀之交在德國著書立論，想要知道為何資本主義（及其帶來的繁榮富庶）似乎只能在信基督的國家（主要是信奉新教的國家）扎根。他認為這並非是一種巧合，指出基督新教讓人們持守特定的職業道德和生活方式，替資本主義提供了肥沃的土壤。

基督新教創造了兩種資本主義美德，分別是：

(1)淨化個人的世俗職業或使其昇華，超凡入聖，亦即強調工作是人的神聖職責。

(2)反享樂主義（anti-hedonism）或清教主義（puritanism）。將金錢拿去再投資，從而集中資本，而不是花錢去飲酒、享受美食或從事運動。

僅憑《新約聖經》還不足以解釋資本主義精神為何會興起。「愛你的鄰舍」[52]和遵循美德的呼籲與資本主義的「追求（我們的）利益」不一致（亞當・斯密如此寫道，請參閱第二九二頁

〈斯密談看不見的手〉）。人也不是天生自然而然就會去追求資本主義，以及根據帳本收益和利潤去採納「看待事物的經濟方式」，否則資本主義早就出現了。

韋伯認為，十七世紀的清教主義，尤其是喀爾文主義（Calvinism），讓人們覺得只有努力工作和專心勞動才能獲得救贖。喀爾文曾宣稱，唯有極少數的人才能上天堂，因此民眾習慣將財富與成為「上帝的選民」相提並論。因此，人們會認為，只有努力工作，才能確保自己能夠得救。

不久之後，生命的全部價值便等同於一個人是否努力工作和事業成功。加班工作和讓自己精力耗盡就變得令人嚮往以及被理想化。如果你不能應付工作，你一定是該下地獄的人?!

我們至今還得忍受這種情況。我們不回覆電子郵件就會感到內疚，我們不想成為第一個離開辦公室的人，我們會在面試中大聲說：「我熱愛工作！」許多人退休之後發現，自己要很久才能習慣沒有上班的感覺。人們憑藉職業來定義自己，韋伯率先指出，人們被訓練成擁有這種心態，而且這種心態非常不自然。這種「新教職業道德」是真是假，甚至是好是壞，一切全由你來認定。

杜博依斯談雙重意識

比爾正走路去上學，既興奮又緊張。今天是個大日子，學校裡的孩子都要交換卡片！他焦急不安，緊緊抓著自己的卡片。他小心翼翼，靠近那位新來的女孩。

「麗茲，這給妳。」比爾說道。女孩稍微看了看卡片，然後抬頭看著他，臉上掠過一絲異樣。她瞧了一眼，轉身就走。比爾是黑人。麗茲是白人。她當然不會收下他的卡片。

這是真實的故事，啟發了美國社會學家兼民權運動者威廉・愛德華・伯格哈特・杜博依斯（W. E. B. Du Bois）提出**雙重意識**（double consciousness）理論，而**雙重意識**是種族哲學的關鍵思想。

杜博依斯於一九〇三年撰寫了文集《黑人的靈魂》（*The Souls of Black Folk*），當時正值種族歧視的吉姆克勞隔離法時代[53]。他認為，這類種族隔離法以及白人的文化和緘默偏見正表示黑人被視為俗稱擁有神祕力量天賦的「第七個兒子」（seventh son）。黑人被視為美國所有種族中最卑微的，屬於低等和異常的族群。

根據杜博依斯的說法，黑人因此具有「雙重意識」。他們生活在自己的家園，卻是陌生人，在自己的國家生活，卻被他人疏遠。他們遭受占多數的白人批判和論定。結果「黑鬼總是透過別人的眼睛看待自己」。

杜博依斯寫道：「黑人會感到兩個意識實體：一是美國人，一是黑鬼；兩個靈魂，兩種思想，兩種不可調和的搏鬥；兩種交鋒的理念融合在一個黑人的身體裡，而他必須意志頑強，才能讓自己不被撕裂。」黑人受到兩個層面互相拉扯：他不想「非洲化美國」（Africanise America），也不想「在白人美國主義中（White Americanism）漂白他的黑鬼血統」。

杜博依斯如何看待這種「雙重意識」？眾說紛紜，互有爭論。有人說，杜博依斯這位民權運動者礙於分裂的身分而有存在性焦慮（existential anxiety），使他無法盡力去推展進步、呼籲自由和追求和平。有人則說，他透過這種觀念，以超然和崇高的視角去檢視所處的社會，從而更加深刻理解生活的價值觀和這個世界。更重要的是，需要「意志頑強」才能超越這種雙重意識，因此黑人可能將「雙重自我融合成更好且更真實的單一自我」。

某些人認為，這種身分的融合和解決乃是創造某些黑人文化的必要因素，例如哈林文藝復興（Harlem Renaissance）[54]。

杜博依斯本人從未真正提出解決之道或建議。他或許覺得，這樣做沒必要或沒好處。即便如此，這種想法至今仍然能引起共鳴。我們如何創造自己的身分絕非理所當然之事，而我們都應該知道自己如何以及將什麼投射到別人和自己的身上。

---

53 Jim Crow 一詞源自黑人喜劇作家賴斯（Thomas D. Rice）的劇目《Jumping Jim Crow》，此後 Jim Crow 便成為對黑人的蔑稱。從一八七六年至一九六五年，美國南部各州對有色人種（主要針對非洲裔美國人，但其他族群也包含在內）實行種族隔離制度的法律，稱為「吉姆・克勞法」。

54 發生於一九二〇年代的文化運動，主要集中在紐約的哈林區，但許多非洲和加勒比海殖民地操法語的黑人作家也深受這種運動所影響。

沃斯通克拉夫特談第一波女性主義

賦權[55]給一個社會的所有成員，一定就符合社會的利益嗎？你若想賽跑獲勝，絕對不會單腿跳；如果你想接球，不會將一隻手綁在背後。只拿出一半的實力賽跑有何意義呢？

瑪麗・沃斯通克拉夫特（Mary Wollstonecraft）捍衛女權時正是如此主張。

沃斯通克拉夫特經常被視為典型的女性主義哲學家。她一生都在十八世紀的英國社會生活，但當時的英國女性沒有投票權、無法享有法律和經濟權，也不能接受教育。她如今被奉為「第一波女性主義」（first-wave feminism）的領軍人物，率先關注婦女該享有的平等法律和政治權利。

沃斯通克拉夫特認為：「讓女性分享權利，她會效仿男性的美德。」女性只要有機會，就會勇於承擔。

按照今日的標準，她的論點似乎過度以男性為中心，但沃斯通克拉夫特清楚知道，自己想讓誰聽進她的論調。當時的英國社會普遍認為「女人會歇斯底里」，因此沃斯通克拉夫特總是小心翼翼，憑藉理性和邏輯與人爭論，不想助長這種帶著性別歧視的刻板印象。

沃斯通克拉夫特認為，否認女性的智力、美德和才能，整個社會才會變得更糟。只讓女性服務男性和照顧家庭，就如同發動機以百分之五十的馬力運轉，只會阻礙社會的進步。從那時至今，女性在各種領域都取得了無數成就，只須憑藉這點，便知她當年的觀點有多麼正確。女人以前遭到忽視、埋沒了才能或無法接受教育，若非如此，或許會出現女性發明者，誰知道人類因此錯過了什麼樣的發明或進展？假使我們繼續扼殺女性，誰知道我們又可能會錯過什麼？

從政治的角度而言，沃斯通克拉夫特追隨英國哲學家洛克（Locke）的觀點，認為義務和權利是同一枚硬幣的兩面。若沒有合適的社會契約（請參閱第二七八頁〈霍布斯談創建政府〉），便不能期望女性去承擔沒有附帶權利的義務。若是如此，女人便無異於馱畜。

因此，奴役女性不僅不道德，而且從功利主義的角度而言，這也是百害而無一利，因為這樣一來，社會便無法享有讓全民生產力發揮到極致的好處。這種邏輯客觀嚴謹，我相信即使是十八世紀喬治王朝的男人也不能夠駁斥。

55 賦權（empower）這個詞包含多重意義，例如授權、賦能、授能、充能和培力，也有啟發、改造、壯大主體之類的含義，幫助主體突破限制，去除無力感，具備力量之後掌握自身的命運。

馬克思談階級鬥爭

說到銀行家，他們滿腦子只想賺錢。那些肥貓只看價格，看不到事物的價值。這個世界存在如此多不平等的現況，他們卻視而不見。而且人往往更常想購物消費，而不是在想該如何互相照顧，都是因為這些人。他們是毒！是寄生蟲！是進步的障礙！

上述是現代人的咆哮，但只要將「銀行家」替換成「資產階級」，便類似於卡爾・馬克思（Karl Marx）在十九世紀於普魯士王國提出的「階級鬥爭」（class struggle）。

馬克思的思想經常遭到右派人士扭曲和詆毀，或者被左派人士奉為圭臬，或者左挑右選，選出最好的說法，但無論右派或左派，很少人認真讀過他的論述。然而，馬克思的思想值得研究。

馬克思認為，「資產階級」（bourgeoisie，廠主和住豪宅的人士，當然還有銀行家）是資本主義的化身，他們都從利潤的角度看待世界。他們掌控生產方式，因此正如預料，他們始終著眼於降低成本和提高生產效率。

相較之下，「無產階級」（工人）想要更好的工作條件、更高的薪資以及更滿意的工作。他們看到（並追求）超越帳本虧損的價值，但也想與資產階級享受同樣的生活水準（資產階級**通常**很富有，無產階級**一般**都很貧窮，但馬克思認為並非總是如此，這點十分有趣）。

這兩個群體顯然會起衝突，因為他們追求的目標似乎背道而馳。因此，馬克思認為會有「階級鬥爭」。這不一定是真正的鬥爭，更常是思想上的鬥爭以及在思想上壓過對方（馬克思終其一生其實都支持民主）。

馬克思指出，資本主義已經廢除了領主和農奴或債權人和債務人之間的封建義務關係。儘管這種關係有許多缺陷，但至少前現代世界的人會因此有聯繫。反觀現在，只剩下無關乎個人的數字，而且貪婪猖獗。經濟和生產變得冷漠疏遠並由官僚控制。資產階級控制了生產方式，坐擁船堅砲利，因此掌握大權，決定了遊戲規則：金錢和利潤至上。

然而，馬克思認為，只要無產階級能夠看穿「人類也是商品」這種有毒迷思，便能奪回掌控生命和超越社會意識形態的權力。他們可以建立更公平、更友善和更平等的社會。這個社會是人們所擁有，而非受利潤控制。

馬克思認為，這場鬥爭是消費主義與社群、企業與眾人，以及人力資源與人類尊嚴的鬥爭。簡而言之，這不僅是階級鬥爭，也是人類靈魂的鬥爭。

孔子談歸屬感

有時隸屬某件事或某個團體會讓人感覺良好。我們都喜歡歸屬感，並享受自己在團體中發揮作用後的團結感。人通常樂於知道自己在社會中所處的位置。有哪些規矩？舉止行為應該如何？哪些是可以或不能接受的？我們天生就想知道自己該扮演怎樣的角色。

禮是儒家的核心教義。儒家思想出自於孔子，最接近世俗宗教。它沒有要人信奉任何神祇或超自然生物，卻有嚴謹的社會和倫理哲學以及嚴格規定的儀式。**禮**便是其中一種儀式，通常被英譯為proper conduct（適當的行為）。儒家思想偶爾帶有宗教性質，卻可經常將其套用於日常的社交活動。

儒家相信世界（無論宇宙或塵世）有秩序。人不僅要體認這一點，還須身體力行，遵循這種秩序。它創造了一系列的人際關係。**禮**涵蓋了針對這些關係的積極行動，亦即維繫群體的行為。

儒家和更廣泛的東方哲學是全盤看待人性。換句話說，人的身分和生存目的是根據我們與他人的關係來界定的。「我」唯有與「兒女」、「朋友」、「父親」或「鄰居」結合時才有意義（從這點看來，這與黑格爾的論述並無不同。請參閱第一二四頁〈黑格爾談世界精神〉）。

然後，**禮**規定了與他人應對的行為。它外化[56]我們的身分，將其投射出去，然後與他人聯繫起來。

西方人對**禮**並不陌生。我們能夠體會在唱詩班唱歌以及陪伴祖母購物的樂趣，還能因為家庭、社區或國家而感到自豪。根據**禮**規定的時刻和行動，我們不會老是把自己擺在第一位，也不會一直將自己放在最後，而是站在**屬於我們的位置**。我們說著自己的台詞，扮演自己的角色，感到高興和滿足，然後依次等待別人加入。

我們是手錶的齒輪、河流的水滴和森林的一棵樹。我們已經被人接受，有人扶持著我們，而且我們有歸屬感……這種感覺很棒。

56 externalize，使思想或抽象概念具體化，亦即讓某物具有形式。

黑格爾談世界精神

萬事萬物都不是孤立存在的。每件事和每個人的背後，都有一段難以言喻的漫長故事。這個故事是關於事物如何以及為何會存在。若想洞徹萬事萬物，必須從事物所處的情境和框架去檢視它們，看出它們與**所有時間**（all time）的確切關係。我們必須以上帝的眼光看待事物，將其視為一個相互關聯的巨型網絡。

這便是黑格爾眼中的**世界精神**（Weltgeist）。所謂**世界精神**，就是萬物彼此之間呈動態連結，不斷發展和持續進步。

黑格爾的學說令人費解，但他卻是過去兩個世紀最具影響力的哲學家。他的思想影響了沙特、西蒙·波娃和齊克果（他反對黑格爾哲學）的存在主義。他開創了現象主義（phenomenalism）[57]，爾後康德、胡塞爾（Husserl）和海德格（Heidegger）將接手並進一步發展（請參閱第二三六頁〈胡塞爾談凝視樹木〉和第二七〇頁〈康德談創造世界〉）。最重要的是，他促使恩格斯（Engels）和馬克思提出論述，讓共產主義運動散播到全世界。

黑格爾著作的關鍵思想是萬物相互關聯（interconnectedness）的概念。他認為，我們無法將任何事實、物體或個人理解為碎片（fragment）。一切都是根據其他事物來定義的，因此萬事萬物彼此相關。茲以本書為例。若想完全理解它，必須檢視此刻將它帶到你眼前的來龍去脈，箇中情節彼此交織。你必須看到生產本書的印刷商、接受書稿的出版商、撰寫內容的英俊作家、教育作家的學術機構，以及鼓勵他的父母等等……現在試著對隨處見到的每一個物體都這樣做，你就會開始理解，**世界精神**簡直是無窮無盡。

可以將德語 geist 譯成精神或心靈，但無法全盤說清楚這個概念。因此，多數哲學家會完整保留 Weltgeist（世界—精神）。**世界精神**是所有事物的總和，我們都只是其中的一部分。這種網絡連結一切，無處不在。每顆有限的頭腦（包括你、我和其他人的頭腦）都在這個**世界精神**發揮微小的作用，我們雖然微小，卻非常重要，推動著它向前發展。只要我們能找到自己在**世界精神**的位置，便能獲得自我實現、身分認同和歸屬感。

黑格爾素以強調公共、公眾和社會而非私人、個人和抽象而聞名。根據他的說法，當我們意識到自己屬於這個**世界精神**時，人與人將會更努力去相互同化。一旦我們看到將自己與他人聯繫在一起的繩索，就會開始關注大家的共同點。沒有從「孩子」、「朋友」、「鄉下人」或「人類」抽離出來的「我」。我們是由自己與他人的關係來定義的。大家都在同一條船上。

---

57 認為物理對象無法被證明是自在存在，只能作為出現在時空中的感知現象或感覺刺激而存在。

阿皮亞談世界主義

「世界主義」（cosmopolitan）這個詞已經被高度政治化。某些人認為，這是樂觀可期的未來，人類將會團結，相互關心，彼此接受。對其他人來說，這是危險的極權主義，尋求統一而不顧差異，簡直是打算將所有人變成博格人（Borg）[58]。我們該如何應對？世界主義一定是兩極分化的構想嗎？

當代英裔迦納哲學家奎邁・安東尼・阿皮亞（Kwame Anthony Appiah）認為並非如此。他毫不掩飾，以更巧妙的方式詮釋世界主義來為其辯護。

「世界主義」一詞可追溯至啟蒙運動的奠基人康德。康德和其後的思想家用這個詞來代表人類的手足情誼（brotherhood），此乃源於普遍理性和人文主義。無論在何處，只要身而為人，都有共通的尊嚴和價值。

阿皮亞採納了這種觀點來定義世界主義。他的版本可以分為兩種關鍵思想：

(1)每個人都對他人有道德責任。沒有人是無關緊要的，因此我們對彼此都負有某種責任，無論這種責任有多麼遙遠和微不足道。

(2)差異很重要。多樣性對於身而為人很重要。就道德而言，我們的文化感很重要，「不是因為文化本身很重要，而是因為人很重要，而文化對人很重要」。

這點揭示了阿皮亞著作的一項關鍵要素：多樣性和差異對人的重要性之高，因為它們展現人的個性。然而，它們並非「至善」（highest good）。阿皮亞的兩種思想形成了一種層次結構：(1)是最重要的，然後才是(2)。因此，只要我們的差異不與我們對全人類的責任相衝突，我們應該為自己的多樣性感到自豪。簡而言之，只要我們不虐待或剝削別人，便可隨心所欲過日子。

常有人駁斥世界主義的理念，最常見的是說它會導致有違自然的公正性（impartiality）；例如，我可能不應該關照家人，而要多關心敘利亞難民。然而，阿皮亞駁斥這種說法。他認為，擁有任何身分，或者要與眾不同和擁抱多樣性，就是要偏愛某件事或某個人。要當兵工廠球隊的球迷就是偏好兵工廠，要當天主教徒就是上天主教堂，要成為美國人就是要偏愛其他的美國人。公正性可能會化解差異，使其消失無影，但這種實質性的負面元素差異會壓過我們對敘利亞難民仍然存在的道德責任。

每個人都有許多身分，甚至在一天之內會以不同的方式套用這些身分。你早上可能是父親，白天可能是上班族，晚上可能是漫威迷。對阿皮亞來說，若是過於認真看待這些身分或用它去構築障礙，例如我們認為自己的其中一個身分（好比法國人）比其他身分（例如姊妹）更加重要，此時便會出現問題。反之，假使我們專注於這些重疊身分，將可培養產生同理心和善意所需的團結感，感到和他人休戚與共。阿皮亞認為，這便是世界主義的全部意義，亦即人們不只看到差異，而是願意著眼於彼此的共同點。

58 博格人，《星際爭霸戰》中虛構的外星種族，其目標是同化一切遇到的種族，使自身臻於「完美」。

麥金儂談不公平的規則

遵守遊戲規則偶爾可能是非常不公平的。請各位想像有一場飛鏢比賽，其中一名選手必須蒙著眼睛射飛鏢。或者有兩個人要辯論，但其中一人的發言時間只有對方的一半。假使我們嚴格執行法律條文（此處為遊戲規則），遊戲本身就很荒謬，因為有一方占了便宜。

這便是美國學者兼社會運動家凱薩琳．麥金儂（Catharine A. MacKinnon）如何看待現代社會的女性主義爭論。假使某些參與者在遊戲中遭受不公平的對待，依舊處於劣勢，那麼法律和規則顯然是不完備的。

從瑪麗．沃斯通克拉夫特和伊麗莎白．卡迪．斯坦頓（Elizabeth Cady Stanton）到西蒙．波娃和吉曼．基爾（Germaine Greer），再到今日的內奧米．沃爾夫（Naomi Wolf）和凱特琳．莫蘭（Caitlin Moran），這些傑出的女性孜孜不倦替女性發聲，女性主義運動方能取得巨大的成就。然而，麥金儂認為，女權運動應該追求何種目標，以及是否光靠法律和政治變革便足夠了，這些仍待商榷。

麥金儂發現，許多女性主義思想都認定國家和法律體系是客觀和中立的法律仲裁者，因此我們目前的規則會平等對待男性和女性。但問題是，整個系統是由男性所創造的，因此是為男性而設計的。

「法律面前人人平等」之類的運動根本有誤，因為女人還需要爭取更多的權益。有人認為法律會平等對待每個人，但他們不曉得女性很容易遭受迫害，也會感到恐懼，機會更是被人剝奪了。此外，他們也不知道男性根本不尊重女性，不給女性尊嚴（例如男人對無償勞動〔unpaid labour〕[59]的態度）。

為了說明這一點，請各位想像一個無法無天的世界，每個人都可以互相殘殺和偷竊。這無疑是「平等的」情況。然而，雖然男人肯定會殺死別的男人，但他們可能（而且能夠）殺死更多的女人。簡而言之，男人想要自由，因為他們感到安全和受到保護，但女人需要保護，因為她們沒有受到保護。

對於麥金儂來說，只要簽署人之一（女性）被剝奪這種保障，社會就不可能有平等的契約。正如她所寫道：「（女性）仍處於中世紀法律的基本地位類別……這就表示情況根本未曾改變。」我們承繼了以男性為中心的父權制體系，無論個人享有多少平等，整體結構都因為這樣而被污染了。

因此，麥金儂提倡女性主義，告訴我們口口聲聲說平等是不夠的。只有雙方在系統內地位均等、實力相當，此時才有平等。如果規則僅針對某一種類型的人而設計，則光靠規則和法律並不能讓事情變得公平。人有千百種，其中會有模糊地帶，我們必須讓法律反映出這種人性特徵，不然就得在關鍵之處讓各方受到平等的對待。

---

59 不獲得任何直接報酬的勞動。此處應該指女性操持家務而未獲得薪酬。

伯克談禮儀

60

我們幾乎從未想過禮儀有多重要。當然，禮儀單調乏味，我們從中學不到任何東西，不是嗎？哲學家為何要在意我們是否會說「謝謝」、讓位給老婦人，或者不在孩子面前說髒話？禮儀跟繫鞋帶或抓癢一樣無聊透頂。

十八世紀的愛爾蘭政治家兼哲學家埃德蒙・伯克（Edmund Burke）並不這樣想。伯克認為，禮儀是現代社會最重要的層面，也是用來制衡政府和法制暴君的重要武器。

伯克指出：「禮儀比法律更為重要。法律必須仰賴禮儀。」禮儀是讓社會運轉的不成文規定，也是人與人相互合作的規則。禮儀無處不在，從如何在公共場合吃飯用餐到如何在週末選擇闔家觀賞的電影，這些都有禮儀方面的規定。

伯克認為，禮儀之所以如此重要，乃是因為它將責任交託給我們，並且告訴立法者「哪些隸屬法律範疇，哪些事物則只有禮儀可以規範」。

我們不必為別人撐住半開的門、替陌生人搬行李，或者換座位讓某位母親可以和她的孩子坐在一起，但我們還是會根據自己的價值觀去做這些事情。假使將這些行為載入法律，它們便會被剝奪使其符合道德且獨一無二的責任。

伯克認為，我們的禮儀是我們置於政府之上的價值觀和規範。我們的政治當局受到禮儀制衡。不僅如此，禮儀更反映了政治機構運作所需的美德。它們是讓國家機器運轉的潤滑油。

美國政治學家丹尼爾・齊布拉特（Daniel Ziblatt）和史蒂文・李維茲基（Steven Levitsky）在他們二〇一八年的著作《民主國家如何死亡》（*How Democracies Die*）中探討這項主題。他們指出，自由民主國家是仰賴某些「規範」（norms）（等同於伯克的「禮儀」〔manners〕）來運作。他們舉出一些例子，比如容忍不同的政治想法（不貶低或妖魔化持不同觀點的人），以及自我約束，不濫用制度性權力（institutional power，例如修改憲法來繼續掌權）。如果我們喪失了這些規範或禮儀，不難看出自由民主將會崩潰。

禮儀非常重要，因為它們揭示了人的價值觀並將責任交託給個人。我們現在經常常認為立法或簽訂合約是王道，但對伯克來說，這些舉措都很死板，經常會有缺陷疏漏，遠遠不如我們的生活常識。

60 原文出自英國格言Manners Maketh Man，可譯為「禮儀足以成就人」。複數形式的manners指的是「禮貌、規矩或習俗」，本篇統稱禮儀。

鄂蘭談邪惡的平庸性[61]

前納粹黨衛軍少校阿道夫・艾希曼（Adolf Eichmann）[62]參與了歷來最恐怖的事件。他曾在第三帝國全境組織手下，將猶太人送往滅絕營屠殺。艾希曼最終在一九六一年受審，全世界的人都以為會看到一張邪惡的面孔。不料，人們卻看到一位面如米色的官僚，為人沉悶，毫不起眼，滿口陳腔濫調。

逃到美國的德國猶太人漢娜・鄂蘭（Hannah Arendt）看了這場審判，然後創造了「邪惡的平庸性」（banality of evil）一詞來形容納粹德國的艾希曼和其他人。

為何國家會轉向極權主義？鄂蘭認為需要發生兩件事。首先，政府必須斷開人與人的聯繫，必須破壞所有的社會連結，唯有獲得當局許可，人與人才能來往。其次，必須營造令人驚恐的環境，這是由某些危險黑暗的「他者」（比如外國人、共產黨人或猶太人）所造成的。營造這種恐怖情境，旨在讓人誤以為自己沒有能力應付，因此需要強大的權威政府。

如此一來，極權主義便輕易落地生根。極權政府一旦就位，便會貶低民眾，將其轉化為可互換的經濟物件，或者可替代的國家機器齒輪，讓民眾只能從系統獲得價值感。艾希曼正是如此看待周遭的世界。他終其一生只知道去服務一個系統，替納粹德國賣命。

此外，鄂蘭在一九五八年出版的《人的條件》中指出，人要過得充實並實現目標，必須具備三項要素：

(1)勞動：讓事情不斷輪轉的日常行為，比如吃飯、睡覺和清掃。勞動不會讓世界更富足，只能恢復或維持現狀。

(2)工作：創造讓世人看見和欣賞的文化藝術品。這是創造人人共同享有的現實，對其做出貢獻，譬如蓋房子、寫書或照料花園。工作是為了留下印記，無論這些印記有多麼短暫。

(3)行動：這屬於政治領域，亦即與他人討論，發表自己的想法來參與政治。此時我們會一起賦予所有事物意義，但最重要的是，我們將自己從可替換的單元（我們勞動或工作時便是如此）提升為獨特的人。我們有了自己的名稱，而非只是一個數字。

鄂蘭認為，極權主義不讓人們採取行動，讓他們找不到生命的意義。民眾遭到貶抑，成為呆板的機器人，只知勞動和工作，不會獨立思考。

艾希曼表現出「邪惡的平庸性」，因為他只會勞動和工作。他不知該如何尋找自我，從不質疑自己的所作所為。他滿腦子只想達到目標，然後升官晉爵。他不只是「聽從命令」，而該這麼說：命令竟然是他生命的全部。

61 英語the Banality of Evil。坊間多譯為「平凡的邪惡」或「平庸的罪惡」，引起不少爭論，按照文法拆解，應該譯成「邪惡的平庸性（面向）」。根據鄂蘭的說法，邪惡會以「平庸」的面貌展現，乃是作惡者沒有獨立思考，只知隨波逐流，臣服於更大的國家機器和集體意識，最後以「盡忠職守」為由殺人作惡。這些執行者只會遵從上級命令，沒有正確的價值觀，因此有人建議改譯為「邪惡的庸從者」。本篇貼緊字面翻譯，但讀者可從內文了解作者的意思。

62 前納粹黨衛軍少校，二戰時負責屠殺猶太人，素以執行「猶太人問題最終解決方案」而聞名，最終遭公開審判，之後被絞死。

5 宗教和形上學

希臘語Meta表示「超越」，因此英文為metaphysics的「形上學」，意思即「超越物質世界」，或「在物質世界之外」。上帝、眾神、天使、惡魔、鬼魂和靈魂都是形而上的。對許多人而言，對錯、美麗、愛戀或意識等事物也屬於形上學。

宗教和形上學都涵蓋科學無法觸及的事物，因此超越了物質世界。

金迪談最初原因

千里之行始於足下。每一部傑出小說或每首優美詩歌，皆有落筆成文的第一個字，每一首交響樂也都肇始於第一個音符。萬事萬物必須有個開頭，有其原因（起因）或理由。

這個道理淺顯易懂，奠定了時下最流行的一種關於神的論述：宇宙論論證（cosmological argument）[63]。這項論點可以追溯至古希臘，但九世紀的伊斯蘭學者阿爾·金迪（Al-Kindi）將其闡述得最透徹。他的邏輯很簡單：

⑴世上存在的萬物背後都有一個原因。

⑵宇宙曾經開始存在。

因此，宇宙必定有一個起因。

人類討厭無法解釋的事情，因此會根據直覺，認為沒有隨機或自發事件。事物要存在，必須有個理由，而且要有正當理由，或者能夠抽絲剝繭，找出箇中原因。因此，宇宙也必須有一個原因、創造者或「原始推動者」（first mover，正如亞里斯多德所言）[64]。

如今美國人威廉·萊恩·克雷格（William Lane Craig）重提這項論點，以第二項前提為基礎，運用科學和數學來進一步論述。

首先，克雷格認為，多數科學家都接受大霹靂理論（Big Bang）的觀點，而那顯然是「開始存在的時刻」。這是非常真實的事件，宇宙先有個「開始」，爾後事件依序出現。

其次，永無止境的偶然序列（casual sequence，對於無起因的世界是必要的）得依附無限（infinity）的概念。這表示總有多個「原因」或「在此之前」，可一直追溯至永恆。然而，克雷格認為，無限的概念是不連貫的（incoherent）[65]。

克雷格用「希爾伯特旅館悖論」（Hilbert's Hotel）[66]來解釋：有一家旅館，擁有數量無限的房間，房間均已客滿。假設此時有一個人要入住，悖論出現了。我們可以將一號房間的客人安置到二號房間、二號房間的客人安置到三號房間，以此類推……無限根本不是無限，完全無法應用。

如果我們想像倉鼠之類的東西有無限多，就會遇到另一個數學問題。假設一半的倉鼠是粉紅色，另一半則是黃色，則有多少隻黃色倉鼠？答案是無限隻。有多少隻是粉紅色的？無限隻。一共有多少隻？也是無限隻。結果子集合等於整個集合，好像數學上出了問題。因此，克雷格認為，「無限後退」[67]（infinite regress，就像一個無起因的宇宙）的構想無論在任何現實之中都是無稽之談。

由此觀之，唯一合乎邏輯的宇宙論便是「宇宙**必定**有起因」。我們可能無法證明任何宗教的特定神祇，但這可能證明有某種「原始推動者」嗎？或者，我們可以問：誰點燃了大霹靂，讓宇宙在爆炸後誕生？

63 神存在的論據。英文cosmological中的cosm-表示「世界／宇宙」。由於萬物無法從無變有，既然有世界，便一定有造物者。
64 拉丁語：primum movens。這是亞里斯多德提出的概念，作為第一個因果關係的原因，或稱第一自存因和第一推動力。
65 這個字有其他的意思，譬如無條理的、支離破碎的、矛盾的。
66 與無限集合有關的數學悖論，由德國數學家大衛・希爾伯特提出。
67 另有其他類似說法，譬如無窮後退或無限回溯。

佛洛伊德談聖父

我們從未真正長大。每個人的內心都有一位感到不安和徬徨害怕的孩子。我們擔心這個世界無法無天，害怕大自然無情冷漠，更怕無論走到何處，都會發現人人都在弄虛作假。我們就像沒有人可牽手的孩子，或者沒有父母對我們說：「寶貝，別擔心，一切都會沒事的。」

影響力十足的奧地利神經學家西格蒙德．佛洛伊德（Sigmund Freud）認為，世界各地的人類面臨這種不愉快的狀況，因此創造了某種父親般的人物來照顧他們。這個人物全知全能，超然物外，人們稱之為神（God）。

佛洛伊德指出，我們身為孩子，十分脆弱，沒有防禦能力。然而，如果我們夠幸運的話，可以央求父親照顧我們（如今任何保護者都能取代男性形式的父親）。我們逐漸長大時，發現父親和我們一樣也會犯錯，有些事情連他都解決不了。然而，我們永遠需要被人照顧。

回想蒙昧蠻荒的時期，當時的人類很快便察覺，大自然冷漠無情，讓他們十分無助。因此，人賦予了大自然人類的屬性，將自然神化，使其成為宗教，藉此「奪取（大自然）一部分的力量」。世界變幻無常，殘酷無情，人便投射出一種虛假的感覺，認為自己在掌控自然。人們懇切祈禱，希望疾病得以醫治，也會獻祭牲畜，祈求風調雨順，更會歌頌神明或崇拜物等偶像，追求長生不老。

然而，這樣還不夠。我們需要更新、更好的獨一神祇來履行先祖扮演的相同角色：
⑴他必須「驅除大自然給人的恐怖感覺」（「別擔心，神正掌管著一切」）。
⑵他必須教導我們如何面對困境（「苦難淨化你的靈魂，將你帶到神的面前」）。
⑶我們渡過困境之後，他必須補償我們（你不會得到冰淇淋，但能夠上天堂）。

宗教讓人實現最古老的願望。我們「徬徨無助……非得認定自己有個父親，但這次我們找了一位更強大的父親」。宗教讓人不恐懼死亡，還將自然現象解釋為「一位智慧的靈所表達的意圖」（intentions of an intelligence）[68]，並將正義感投射到世界，承諾善有善報，惡有惡報。一切都會沒事的：老爸在掌權（又來了）！

有趣的是，佛洛伊德從未聲稱要「評估宗教教義的真正價值」。他只是根據精神分析去解釋宗教為何如此廣受歡迎，以及人為何會堅定信奉宗教。綜觀世界，宗教林林總總，信仰彼此殊異，或許有某個宗教是對的。然而，佛洛伊德認為，信徒通常以信仰當作慰藉，以此面對冰冷恐怖的人生。

68 指獨一上帝掌管自然界。根據《馬可福音》第四章第四十一節，「獨一真神的兒子」（耶穌）有掌管大自然的權柄，連風和雨都聽從祂。

裴利談鐘錶匠

你在樹林散步，遇到了一件怪事，發現樹枝和樹葉交織堆疊，竟然構成微型的巴黎聖母院。你此時會如何作想？樹枝被怪風吹倒，恰好就成了這副模樣？百萬隻螞蟻刻苦勤奮，將它建造出來？或者某位具有智慧的工程師（或設計者）以巧手建構了這個作品？

十八世紀的英國牧師威廉・裴利（William Paley）以其對上帝存在的**目的論論證**（teleological argument）[69]形式而聞名。根據他的故事，有一個人走路時撿到了一隻手錶，如上所述，這個人只能假設有個鐘錶匠。光靠偶然或異常的天氣是不可能創造出如此複雜物件。需要一位具有智慧的人以巧手去打造它。

這種類比被套用到我們的宇宙。宇宙極其複雜，令人眼花繚亂。億萬恆星受引力牽引，成弧形散開，生態系統龐大而複雜，另有電離的化學鍵[70]，還有粒線體能量（mitochondrial energy）[71]。宇宙如同萬分複雜的手錶，一切**運行得當**。

我們看了裴利的類比，不禁想問：假使唯有智慧的設計師才能打造如此複雜的物件，為何不假設複雜的宇宙也是智慧的靈所創造？只有作家才能寫書、藝術家才能創造藝術、設計師才能去設計作品。

這種目的論論證（指出某件事物的存在必須要有目的或有人設計）是**反繹／溯因**推理

（abductive reasoning）的一個例子，只是表明：這真是太明顯了！根據這種推理方式，我們要回答問題或解釋觀察到的現象時，都得尋求最簡單和最直接的答案。

人天生就認定，複雜的事物必定有人事先設計好，因此必須出於意識，方能扭轉這種思維。宇宙系統嚴謹，各種力量精心校準，臻於完美境地，彼此運作協調，而它如同棄置於荒野的手錶，背後顯然有一位具有智慧的設計師。宇宙需要神來創造。

69 證明上帝存在的一種理論，屬於後驗性的證明方式，又稱設計論證，最早由古希臘哲學家蘇格拉底提出。

70 電離的本質是化學鍵斷裂。若能提供能量讓化學鍵斷裂，便可形成陰陽離子，從而發生電離。

71 粒線體是多數真核細胞的胞器。粒線體是細胞內氧化磷酸化和合成三磷酸腺苷（ATP）的主要場所，為細胞提供活動能量，因此號稱「細胞的發電站」。

休謨談罪惡

想像一下，你得去創造一個世界。於是你甩甩手，捲起袖子，挪出空間，準備大展身手。你布置鬱鬱蔥蔥的花園，將世界妝點得五彩繽紛，更灑下耀眼的星系，讓天空熠熠生輝。你創造了奇妙的日落景象，還創造了無羽毛覆體的兩足動物（人類），這些生物會創作優美的交響樂……。截至目前為止，一切都非常美好！

然而，你隔天醒來，滿肚子起床氣，一怒之下，便散播恐怖瘟疫，讓全地陷入饑荒、令四方交戰，結果屍橫遍野，血流成河，天地同愁，草木含悲。在你看來，這個世界災禍不斷，到底誰該負起責任？這便是「罪惡問題」（problem of evil）。

古希臘哲學家伊比鳩魯率先提出罪惡問題（請參閱第二三四頁〈伊比鳩魯談快樂〉），而蘇格蘭啟蒙運動哲學家大衛．休謨（David Hume）對此闡述得最為精闢，並使其廣為人知。

罪惡問題如下：假使神如此強大（全能〔omnipotent〕），又無所不知（全知〔omniscient〕），祂如何能夠既全愛和善良（全善〔omnibenevolent〕），又能對眾多邪惡之事視而不見，甚至創造這類不公不義的惡事？

既然神愛世人，為何容許人性淪喪的大屠殺？讓火山爆發，帶來災難，這樣有何好處？為何善良的神會創造小象，卻讓牠挨餓，慢慢虛弱而死？達爾文曾目睹寄生蜂從內而外吃掉宿主，他震驚於此種殘忍行徑，從而對神失去了信心。

假使神能力有限，這些事情還說得過去。神是否想介入，可惜無能為力？也許祂不知道這些事情？然而，如果神全知全能（正如主要的一神論宗教所言），祂難道不該為這些苦難負起責任嗎？

罪惡分兩種，彼此迥異：一是自然罪惡（natural evil，自然災害或自然界生物的殘酷行為，例如地震、流行疾病或寄生蜂吸食宿主體液），二是道德罪惡（moral evil，人類靠自由意志犯下的罪行，好比酷刑或謀殺）。這兩者都會衍生問題。

為何創造有如此多缺陷的世界？此為其一。為何創造多變任性且擁有自由意志的人類？此為其二。問題在於，根據「古典有神論」（classical theism，基督教、伊斯蘭教和猶太教）的說法，神／阿拉／耶和華是**全能的**。既然神無所不能，世界就**不必**成為這般模樣！那麼，祂想要罪惡嗎？祂是否故意創造會犯錯且性格不定的人類，而且心知肚明人會幹哪些壞事？

試圖解決這個難題的理論林林總總，統稱「神義論」（theodicies），其說法大致採取以下三種形式。

其一，有人認為罪惡只是我們軟弱的人類出於自由意志的產物。其二，或許罪惡也有目的，好比讓人汲取智慧或學習善待他人。其三，神可能根據本性，創造出這個「最棒的世界」，而我們總有一天會知曉祂的全盤計畫。

完美（名詞）
1. 理想
2. 毫無缺點
3. 確實存在

笛卡兒談「用邏輯證明神的存在」

一位邏輯學家走上舞台，用洪亮的聲音問觀眾：「有人有三個邊的形狀嗎？」前排有個人舉起手。邏輯學家見狀，揮舞著手臂，姿態十分誇張。

「阿布拉卡達布拉！我給你變一個**三角形！**」

台下觀眾噓聲四起，覺得索然無味……

另一位邏輯學家，亦即十七世紀出身法蘭西王國的勒內・笛卡兒（René Descartes），表演了一齣比這更誇張的把戲：他用同樣的邏輯去證明神的存在。

笛卡兒畢生追求只能靠理性證明的真理，因為他認為基於感覺的「真理」都值得懷疑。然而，假使我們陷入長達一年的幻境，此時該怎麼辦？或者，如果我們看到的一切都是電腦模擬的景象，這時又該如何？即使如此，笛卡兒仍然堅信，依靠理性總是要好得多。

眾所周知，笛卡兒的「本體論證明」（ontological argument）是採用「分析真理」（analytic truths）的先驗證明（priori proof，基於理論推導、演繹，而非根據觀察到的經驗），以此證明上帝的存在。

姑且這麼說，分析真理是根據「定義」所使用的術語而成為真實的陳述。例如，如果我指的是一隻母狐狸，**從分析上來講**，我指的是一隻「雌狐」。

同理，**就分析而言**，單身漢則表示一名「未婚男子」。

笛卡兒的論點基於一個關鍵的前提，亦即所有人都認為有一個「至高無上的完美存在」（perfect supreme being）[72]。這個存在若是不存在，便不可能是至高無上、完美無缺。假使一個完美的存在只是一個想法，其實並不存在，那麼它就不是「完美的」。你不可能擁有一個沒有三個邊的三角形，你也不能擁有一個不存在的完美存在。

毫無疑問，這種論點確實有點噱頭。美國哲學家阿爾文．普蘭丁格（Alvin Plantinga）才會說：「乍看之下，這就像耍了一個口頭上的花招，或者玩弄了一個文字遊戲。」英國哲學家兼邏輯學家伯特蘭．羅素（Bertrand Russell）也曾被矇騙。據說他某天騎著腳踏車時突然高喊：「天哪！笛卡兒的本體論證明的邏輯沒錯！」

……五分鐘之後，羅素察覺到了笛卡兒的錯誤（這太複雜，礙於篇幅，此處解釋不清）。不過，他反正是個天才。

72 英語being泛指「存在」，可引申至「靈」、「人」、「神」、「本質」或「本性」。笛卡兒此處是指「完美的神」。

費爾巴哈談「按照人的形像創造神」

某些治療師會使用一種治療手段，讓患者面對一張空椅子，然後與想像中的人或他們自身的某個形象對話[73]。假使你是患者，想對「老後的我」說什麼？你想對另一半談什麼？還是想跟學校的那個惡霸說什麼？像這樣將問題抽離自身的「外化」行為可能療效甚佳。

然而，如果人類幾千年以來其實一直面對著「空椅」呢？萬一信仰宗教其實只是我們不斷投射和理解人類自身狀況的方式呢？這便是十九世紀德意志哲學家路德維希・費爾巴哈（Ludwig Feuerbach）主張的理論。

費爾巴哈認為，身而為人的一個關鍵因素是他所謂的「物種意識」（species-consciousness）。我們具備這種能力，不僅將自己視為孤立的個體，還能認知到自己屬於強大的人類這個物種。我們都知道人類的集體成就和能力（無論是輝煌成就或恐怖惡行），對此深感自豪，卻也感到不安。

人有了這種意識，便會感到無能為力、無足輕重和自我厭惡。我們心知肚明，知道其他人做了不可思議的事情……你看，**我們**都做了什麼?!馬丁・路德・金恩堅毅果敢，讓我們覺得自己十分怯懦。愛因斯坦橫空出世，讓我們發現自己很笨。我們讀到白衣天使南丁格爾展現高貴的奉獻精神，會坐在沙發上深感羞愧。一般人只要有物種意識，便會感覺自己很平庸而痛苦不已。

因此，費爾巴哈認為，人類已將人性投射到上帝的模型中。回想蒙昧的蠻荒時期，古人創造了戰爭之神、生育之神、智慧之神……這些都是我們「物種意識」的**投射**或擬人化。人類外化自身物種的壯麗，按照自己的形象創造了神。

如此一來，人才能感到更加安心而自豪。我們面對形而上的存在時，便不那麼覺得自己一無是處了。神成了靈丹妙藥，足以化解「人因為空虛和孤獨而感受的悲哀」。

費爾巴哈從不認為自己是「無神論者」，但他肯定排斥宗教形上學的主張，譬如來世或靈魂的概念。他認為，假使人能夠摒棄迷信，便能誠心接納人這個物種。我們如今將這種思想稱為「人文主義」。

因此，治療師採用「空椅法」可有效治療痛苦不堪的患者，但費爾巴哈認為，人不應該自欺欺人……擺在眼前的，終究只是一張**空**椅子！

帕斯卡談「賭上帝存不存在」

如果我讓你免費下賭注，讓你可以贏得一大筆錢，你應該會接受吧？如果只需要說幾句話，就能進入永恆的天堂，這是不是很划算？

十七世紀的法國哲學家布萊茲．帕斯卡（Blaise Pascal）便是如此想的。他認為人人都應該因此而相信上帝。

「帕斯卡的賭注」（Pascal’s Wager）是著名的哲學論證，它使用賽局理論作為相信神存在的理由。辯證過程如下：

有兩種選擇：一是相信上帝，二是不相信上帝。

⑴如果我們相信上帝並認定祂存在，就能上天堂，得到永生。然而，如果我們相信上帝，但祂卻不存在，這樣什麼都不會發生。我們只不過會死。

⑵如果我們**不相信**上帝，也不認為祂存在，我們會在無意識的永恆中逐漸腐爛（最好的情況），或者會下地獄，受到永無止境的折磨（最壞的情況）。然而，如果我們不相信上帝，而祂也不存在，那什麼也不會發生。這樣跟我們確實相信上帝，但祂卻不存在，結果是**一樣的**！因此，信上帝有什麼壞處呢？為何不賭一把，相信上帝呢？這真的是雙贏的局面。

根據賽局理論和某些概率模型，當我們將賭注的「潛在回報」與損失相乘時，便可以判斷下的賭注是好是壞。只要上帝存在的可能性不為**零**（零表示邏輯上是不可能的），「無限天堂」（infinite paradise）[74]的潛在回報乘上極低的機率（上帝可能存在的機率），都算是不錯的賭注（這種計算在投注圈稱為「期望值」〔expected value〕）。

簡而言之，帕斯卡說：「你沒有什麼可損失的，但受益的機會卻無限大。」信上帝就是可以免費投注上天堂！

「帕斯卡的賭注」有一點鮮為人知，就是帕斯卡還認為，信教之後可在**現實世界**獲得好處，例如可得到幸福感和社群意識。

有人可能會質疑：「這不是真正的信仰！」帕斯卡對此回應了不少說詞。簡單來說，他認為「可以假裝一下，最後就會成真」。你只要假裝虔誠，好比遵守儀式和禮儀，總有一天會真的相信上帝。

不妨誦讀經文，高唱聖歌，每晚向上帝禱告。每天只需花幾分鐘，你下的賭注將是有史以來最划算的。

74 英語的 infinite 表示無窮盡或無限的，偶爾可泛指造物主或上帝。

馬克思談麻醉人民

當小孩子鬧脾氣、生氣或痛苦的時候，最好分散他們的注意力，例如對他們說：「哇！你看那個發亮的東西！」大人真的跟小孩大不相同嗎？我們是否不會那麼容易被誤導？魔術師輕輕鬆鬆便能矇騙我們，表示我們確實很容易被誤導。卡爾・馬克思也這麼認為，他說宗教最能誤導百姓。

馬克思認為，有組織的宗教是統治階級（資產階級）操弄的工具，旨在奴役工人階級（無產階級）。

宗教透過兩種方式辦到這點。首先，它告訴溫順的小老百姓，說人可以上天堂，但它也威脅那些反抗和不信的人，說他們會下地獄。

其次，宗教就像一種鴉片，會麻醉無產階級，使其對痛苦麻木，進而忍受自身的悲慘命運。他們唱歌、拈香和祈禱，忙得不可開交，或者不敢質疑世界到底有多不公平。

馬克思並不像後來的列寧那般激烈批判宗教。他顯然認為，「人創造了宗教」，將其作為讓人順服的工具，「廢除作為人民的虛幻幸福的宗教，就是要求人民的現實幸福」[75]。換句話說，如果我們擺脫神聖審判者（divine judge）[76]的概念，擺脫那些漫不經心強化「富人住城堡，窮人倚門戶」觀念的聖詩（〈萬物光明皆美麗〉〔All Things Bright and Beautiful〕）[77]，便能審視自己和世上的不公不義。

假使天堂無法讓人幸福或永遠快樂，為何要容忍人世間淪為反烏托邦工廠（dystopian factory）[78]或狄更斯式的苦難工廠[79]，眼見底層人民死亡、身陷貧困和飽受苦難？換句話說，信仰宗教就是不想讓自己過更好的生活。

許多人信教之後能撫慰傷痛、擁有目標和獲得安慰，這點毫無疑問。然而，馬克思想問：這得付出何種代價？

---

75 原文為 the abolition of religion as the illusory happiness of the people is the demand for their real happiness，這句話可譯為宗教讓百姓沉浸於虛幻的幸福，唯有廢除宗教，方能讓人民享受真正的幸福。

76 天界的審判者，表示神的審判。

77 這句歌詞比較突兀，原本頌讚自然之美卻突然論及人間貧富，似乎反映「富貴天注定」的思想，因此多數華語聖詩集都刪掉這句。

78 dystopia 相對於烏托邦，表示政治經濟皆一團黑的假想國度。

79 狄更斯名著《塊肉餘生記》的主角自幼遭繼父殘酷虐待，母親過世之後被送進工廠當童工，飽嘗人生痛苦，但他努力奮鬥，最終功成名就，擁有美滿的婚姻。

柏克萊談看不見的東西

如果森林裡有一棵樹倒下，但沒有人聽到，那麼樹倒下時發出了聲音嗎？假使沒有人聽到聲音，聲音代表著什麼？我們可以想像聽不見的聲音嗎？你能想像一件看不到的東西嗎？不妨現在就試試。你想到什麼？它是什麼樣子？

十八世紀愛爾蘭哲學家喬治．柏克萊（George Berkeley）根據這種思想，提出了他的**唯心論**（idealism）。

哲學家偶爾會探索陌生的領域，唯心論便是其中之一。唯心論劈頭就教人痛苦：試著向自己或朋友證明，物體存在於你的腦海之外。

你可能會先觸摸或指著物體，說道：「你看，就在那裡！我可以把它撿起來，還可以踢它！」

對於柏克萊而言，這樣還不夠。沒錯，你能感受到各種事物，但這並不能**證明**哲學家所謂的「客觀物質」（objective matter）。你看到一隻鴨子，並不能**證明**有一隻鴨子。你所證明的，只是你對看似鴨子的東西有一種感知。

人只能根據親身經歷來汲取知識，根本難以跳脫這種限制。萬事萬物都可以下這種警語：「在我看來是這樣的。」為何「看似如此」不等於「事實如此」？能加以說明的例子比比皆是，幻覺只是其中之一。你和鴨子之間總有一道不可逾越的鴻溝。

柏克萊提出了一種巧妙的論述來透徹說明這種觀點（號稱**主論證**〔master argument〕，聽起來有點唬人）。他要求我們試著去想像普遍認為支撐宇宙萬物的未被感受物質……可惜，沒人做得到。

想像一下。套用以前的經驗，我們可以想像一棵倒下的樹，因為我們見過樹。但是你能想像一個沒有可感知其特質的物體嗎？

試著去建構「外部物質」（external matter）的概念，你會想到什麼？我自己想到一個不斷抖動的灰色斑點，有點像棉花糖。然而，那終究是已知的物質，不是未被感受的物質。你也許會想到學校科學教室裡掛著的原子圖？但那是一張你見過的海報，不過沒關係。

結論是：我們無法想像「物質」，因為我們只能知道和想像自己經歷過的事物（稱為「經驗論／經驗主義」〔empiricism〕）。此外，根據定義，人無法體驗沒有體驗過的事物。

柏克萊最後指出，我們只能說有兩種東西存在：作為體驗者的我自己，以及我所體驗到的想法。我們絕不能說物質獨立於我而存在。這叫做「唯心論」（英語 idealism 其實應該寫成 idea-ism）。

如果有人跟你說，哲學簡直不知所云。請你板起臉孔告訴他們，說幸好你「感知」到了他們，若非如此，未被感知的他們啥都不是。

休謨談奇蹟

如果朋友告訴你他們見過鬼，你會如何回應？你會點點頭，說你相信他們嗎？還是你會認為對方鐵定看走眼了？

大衛·休謨在一七四八年發表了一篇頗具影響力的文章〈論奇蹟〉（Of Miracles），文中便採取第二種立場。

所謂奇蹟，便是違反自然法則之事。飛天掃帚、調皮搗蛋的促狹鬼和人死復生都違反了自然法則，因此屬於「奇蹟」。

全人類長期廣泛累積了經驗才確立了自然法則。人們透過數個世紀以來的科學方法和搭配數千年的觀察，才得以證實和佐證它們。全球數以百萬計的人，幾乎隨時都遵守著這些法則。因此，休謨問道，若某人若是「奇蹟般」治癒了關節炎，是否會讓自然法則失效？

休謨的論點基本上考量了機率（或然率）。我們若遇到奇蹟，有兩種選擇：要麼我們不相信它，認為其中有誤，或者目前尚未能解釋此種現象，要麼我們可以重塑我們為理解宇宙而創造的整個系統。哪種做法比較小題大作？

奇蹟非常罕見，而且總是違反另一種詮釋現實世界的說法，亦即自然法則。人習慣於重力，卻不常看見鬼魂。許多人生病之後，靠著藥物和體內的白血球才痊癒，並非仰賴魔法小物或咒語才康復。

根據定義，奇蹟是與占壓倒性優勢的人類普遍經驗相互牴觸，否則就不算奇蹟。奇蹟違反科學。因此，我們若是目睹了「奇蹟」，要麼會尋求另一種解釋，要麼會在極罕見的情況下調整科學定律（請參閱第一九四頁〈孔恩談典範轉移〉）。無論哪種情況，奇蹟都將不再是奇蹟，而是被我們接納，讓我們更深入理解這個世界（如同愛因斯坦的相對論，或者馬克士威〔Maxwell〕的電磁理論）。

休謨接著說明為何人們會駁斥奇蹟的描述內容。奇蹟之間可能相互矛盾，也可能是獨立事件或屬於少數，而且講述奇蹟的人經常是「很可疑的傢伙」，他們似乎想從中牟利。如今，法庭都會權衡這些該考慮的因素，而我們一旦遇上根本不太可能發生的事情時，也應該這樣做。

下次你的朋友說他們見到鬼時，你會說：「哇！真的假的？」或者你可以潑冷水，盯著他們說道：「我根據自然法則權衡之後，必須駁斥你的聲明，將其視為最不可能發生的選項！」

坦白說，休謨若有朋友，那才真是個奇蹟！

斯賓諾莎談「人人如何都將成為神」

宇宙的基本力量肯定是最不起眼的，而我們將其視為理所當然，因此低估了它們。這些力量如同貫穿萬事萬物的網格，纏繞任何存在的東西。人類跟深海魚類、聲波和數千個星系的星塵一樣，都是這個網格的一部分。我們憑藉這些力量合而為一。

採納這種宇宙觀，便可概略了解巴魯赫．斯賓諾莎（Baruch Spinoza）的「一元論」（monism）。所謂一元論，指的是萬事萬物都是一體。

斯賓諾莎是荷蘭啟蒙時代的理性主義者，思維模式與笛卡兒相同。從斯賓諾莎的多數作品可以看出，他試圖闡述笛卡兒的思想，更進一步獲致完整的結論。笛卡兒認為，世界分為三種實體：精神、實體物質和神。神並非受造物，現實若要存在，必須要有神。

然而，斯賓諾莎認為，我們若想理解某個事物，它就必須與我們**有關**。唯有我們成為事物的一部分，才能去理解它們。這就好比去想像額外的空間維度。這是辦不到的，但我們會使用蛋糕、梯形或不知所云的多音節術語來描述更高的維度，但這些類比都很不恰當。因此，如果我們要理解思想和上帝這類的「分離實體」（separate substance），就必須成為它們的一部分。

斯賓諾莎認為，要解決這個問題，唯有讓自然萬物都成為**相同的基本實體**，連思想之類的東西都不例外。這種實體以各種方式成形（處於他所謂的「模式」〔mode〕），但本質上仍然屬於一體。由此推論，人的意識、螞蟻的感覺、光束的旅程、水滴和半人馬座「南門二」星系的外星人都是這種單一實體的「模式」。這種論述叫做一元論。

愛因斯坦喜歡斯賓諾莎，不僅因為斯賓諾莎的哲學與許多現代科學不衝突，還因為他認為這種一元論的本質等同於神。斯賓諾莎將這種本原稱為「神或自然」，而他認為，要了解所有存在的基本本原，就是理解「神的理智之愛」（intellectual love of God）。

斯賓諾莎認為，我們愈是從渺小的自我去思考宇宙如何運作，便愈能讓心靈與神或自然合而為一。這便是為何基本力量會如此不可思議。反思愈深，事物便愈抽象，人就顯得益發渺小。我們執著於愚鈍的自我偏見，便只能以狹隘的眼光去看待萬物，如以便會與其他事物隔絕。

斯賓諾莎相信，人受到這種限制，便容易犯錯，進而無法綜觀全局。令人驚訝的是，我們年歲日增之際，愈是鑽研科學以及對事物反思愈深，便愈能看見萬物如何融為一體。我們能從片段看見整體，而且從事後回顧，發現一切事物之間其實沒有那麼脫節。

禪——談公案

某位禪師昔日遇到弟子，對其說道：「如果我看到你有一根木杖，我就會給你。如果我看到你沒有木杖，我會把它從你身邊拿走。」

花點時間再讀一遍，然後思考一下。不要立即將其斥為無稽之談，讓它滲透到四肢百骸，體會字裡行間的深意，靜心等待，或許你會頓悟。你答對了，不會得分或受人稱讚，你答錯了，也不會受到懲罰。無論體會什麼，皆能開悟見性。

你剛剛體驗了禪宗著名的「公案」[80]。

佛教在西方和東方都有許多派別，但其核心思想不變，皆認為所謂的現實其實是虛幻的。各種冥想、儀式和實踐旨在看破世間真相，追求無我，摒除欲望，擺脫痛苦，獲得平靜。

公案十分管用，能助人開悟。

公案用處甚廣，其悖論和謎語突顯了「現實」的虛幻。此外，參禪者要靜心沉思公案，從而明心見性，印心契悟。苦思公案之際，如霧裡看花，縹渺朦朧，卻時常發現先前未知的禪意。答案**雖在**，卻是悟出得來，而非尋找得見。

佛陀並未要人信奉皈依，只提出八正道[81]與教義，鼓勵信徒嘗試，看能否超脫生死，臻於涅槃。通常確實如此……而且至今仍然有用。必須力行實踐，方能悟道。讀者不妨參悟公案，沉思冥想，看看能否從中獲益。

你出生前的本來面目為何？

你無能為力時，能做什麼？

風是什麼顏色？

感覺如何？你喜歡放棄沒有邏輯的簡單答案嗎？或者，你認為問題太複雜，腦筋一片混亂，為此有點生氣嗎？公案很實用，能夠啟發人心。無論信不信禪宗，都能欣賞公案，領略其中深意。

80 禪宗用語，指禪宗祖師的一段言行，或是一則軼事。公案的原義為古代官府的判決文書。禪宗希望參禪者猶如法官，仔細判斷古代祖師的案例以求開悟。

81 佛教用語，指佛教徒修行達到涅槃的八種方法和途徑。

6 文學和語言

最棒的哲學思想有時來自於文學領域。無論是莎士比亞的作品或科幻小說，目的皆在探索人生，既讓人感同身受，心有戚戚焉，又能鞭辟入裡，論述深刻透徹。硬要區分杜斯妥也夫斯基和卡繆、狄更斯與馬克思、珍・奧斯丁與西蒙・波娃之間的分野，在哲學上是毫無意義的。

以筆為劍，勝於利刃。文字深具力量，難怪哲學家會探索語言本質，展示行文之道，詮釋箇中玄妙。言語可揭示思想，甚至能定義意念。

所謂文學，便是使用語言探索連哲學都有所疏漏的真理。

坎伯談「歷來的每一則故事」

主角必須離開村莊，因為有位守護靈要他踏上征途，遠離故鄉。他沿途打倒多頭的食人魔、制伏東方巨龍、解開聖橋守護者的三道謎題，最後服用靈丹妙藥，實力大增，傲視群雄。主角脫胎換骨之後返回村莊，以其高超智慧，領導家鄉子弟。

美國文學教授喬瑟夫·坎伯（Joseph Campbell）指出，多數故事和神話無不依循這種情節脈絡。耶穌、佛陀、穆罕默德和摩西，以及佛羅多、路克·天行者和小獅王辛巴的故事都遵照相同的模式：分離、開始和返回。

坎伯根據自己對比較神話學和宗教的研究，於一九四九年撰寫了《千面英雄》。坎伯閱讀眾多神話和經典故事之後，發現每則故事都有某些常見的主題。具體而言，故事的結構都分成三個階段：

(1) **分離**。路過的巫師、幽靈或能開口說話的動物會「召喚主角去冒險」。主角原本生活平淡沉悶，此後便有了追尋的目標。舉例而言：巨人海格半夜敲打哈利波特的家門，蝙蝠俠布魯斯·韋恩的父母慘遭殺害，或者佛陀看見四種景象[82]後離開舒適的花園，捨棄塵世，追求真理。

(2) **開始**。這是探索的「試煉之路」。主角要征戰、抵抗誘惑、獲得神奇力量，最終悟道啟蒙。若是在電影，這便是電腦特效渲染的打鬥場面，主角可能會先落敗，但後來發現潛藏的力量，最終克敵制勝。隨著劇情推演，或者接近尾聲之際，主角會開悟見性、汲取智慧或砥礪心性，從而脫胎換骨，徹底蛻變。

⑶**返回**。主角既已開悟明性或實力大增，於是成為國王或先知。他們充滿智慧，能力出眾，故受人敬奉，地位崇高，無可取代。征途自此結束，「從此過著幸福快樂的生活」。

事實上，主角的分離／開始／返回三階段，與早期基督教所謂的「三重途徑」並無差別。根據「三重途徑」，與神合一（divine union）和宗教體驗的屬靈操練包括淨化（purgation）、光照（illumination）和最終的聯合（union）。

坎伯的理論有一種巴德爾—邁因霍夫效應（Baader-Meinhof effect）[83]，這效應指的是一旦你知道某件事，便會處處看見它。然而，我並不想貶損上述故事。我們的故事反映了更廣闊的生命旅程。我們都得離家、遠離舒適圈和熟悉的事物，勇敢去冒險和探索世界。我們遇到的巨龍和西斯大帝代表老天對我們的考驗，他們會改變我們，讓我們成長，沒有他們，便無法獲得智慧。簡而言之，故事都非常有趣，足以引導我們如何成長茁壯，蓬勃發展。

---

82 分別是老人、病人、死人和出家人。相傳佛陀生為太子，出生之際，大地震動，放大光明，洗浴淨身之後，步步舉足，下生蓮花。相師觀相後斷言，太子若見四種景象，便會出家。

83 又稱為 Frequency Illusion，譯成頻率錯覺。

赫胥黎談美麗新世界

你看完新聞報導，無言以對，罵道：真是沒有天理！太殘酷了！你想要做點什麼……不行，要晚點，因為《魯保羅變裝皇后秀》馬上就要播了。明天還得買東西，也不能去。不過，你很快就會去做的！

你嘆了口氣，隨手去拿藥丸。醫生和精神科醫生都告誡你，說你不能太激動。吃藥會有幫助的。

歡迎各位來到英格蘭作家阿道斯・赫胥黎（Aldous Huxley）的《美麗新世界》。試著想像一個沒有痛苦、沒有苦難、沒有鬥爭的社會。一切都經過消毒、治療和止痛，在那個世界，安全比冒險更重要。難以想像嗎？

在赫胥黎一九三二年的小說《美麗新世界》中，人們若是感到不安，便可服用「蘇麻」，那是一種類似嗎啡的藥物，這種迷幻藥可安撫情緒，讓人感到快樂。然而，你甚至不太可能需要服用這種藥物。

這個世界性愛氾濫，不受拘束。愛情、忠誠和激情都不被允許，因為會引起衝突。此外還有「感官電影」，這是類似觀看電視的娛樂活動，片中色彩鮮麗，音響炸裂，感官刺激強烈，人人都被催眠，陷入迷惑。

當地居民被訓練成只喜歡某些東西。婚姻和一夫一妻制屬於禁忌，免得人們為了搶奪伴侶而起衝突。書籍被禁，以免人民思考或懷抱夢想。如果東西壞了或者不再令人喜歡，人們就會把它扔掉。大家只買新東西；東西壞了，不必修理。生活如同運轉不停的跑步機，大夥日子輕鬆快樂，只處理瑣碎的事情。人和人只是閒聊，從不辯論什麼大道理。

赫胥黎的願景離我們有多遙遠？

如今，大約百分之十的已開發國家人民大量服用某種精神藥物。人人都隨身攜帶令人上癮的電子裝置，這種小玩意會吸引我們的目光，讓我們對外界事物分心。它們是袖珍型的「感官電影」，會讓我們神情恍惚，拚命敲擊螢幕點讚，不會抬起頭去正視周遭的不公不義，以及平庸弱智、缺乏獨立思考的能力。我們會買新鞋，懶得去找附近是否有會修鞋的鞋匠。離婚司空見慣，只要隨手一點，馬上可以瀏覽令人臉紅心跳的色情網站，內容五花八門，千奇百怪，前所未見。

正如書中的主角問道：我們想要怎樣的世界？

這個世界充滿苦難、戰爭和鬥爭，但也有人行俠仗義，還有莎士比亞的作品和人與人之間的關愛。然而，這個世界也充斥消費主義、閒聊八卦和嗎啡，但也有快樂、愉悅的性愛和平靜。以上哪個景象比較吸引各位呢？

貝克特談等待

你是否曾經與親近的人一起長途旅行，或者被迫在機場枯等數小時，然後發現自己不斷想辦法找樂子？要是你玩手機玩得很無聊，或者你眼睛太疲累，根本無法讀書時，你會怎麼做？我們在等待時會做什麼呢？

愛爾蘭劇作家山繆・貝克特（Samuel Beckett）在《等待果陀》中提出了這個問題。《等待果陀》主要講述兩個男人，分別是弗拉季米爾和愛斯特拉岡。他們在等待一位名叫果陀的神祕人。另有兩個角色，波卓和拉奇，這兩人來來去去，純屬跑龍套。這齣戲劇主要講述弗拉季米爾和愛斯特拉岡之間的交談。

愛爾蘭文學評論家穆西爾（Vivian Mercier）評價《等待果陀》時認為：「在這齣戲裡，啥都沒發生，還搞了兩次！」[84]他說得有道理。劇中角色一直在等待果陀，結果果陀根本沒有現身。本劇「情節」圍繞著角色在奇怪困境中的對談，而戲劇本身就是描繪人在等待時衍生的古怪想法或做出的怪異行為。

弗拉季米爾和愛斯特拉岡一直在枯等，於是不時扮蠢耍寶，插科打諢。他們先彼此詆毀，然後互相關照。兩人似乎彼此需要。這真是一場鬧劇，一切都荒謬至極，還有令人毛骨悚然的場面（例如其中一人想用腰帶上吊，結果抽出腰帶，褲子就掉下來了）。他倆似乎都在玩樂，只因為

這樣才有事幹。他們會說：「我們彼此對罵吧！」下一刻又會說：「我們現在互相補償吧！」這一切無不恰好反映了人生和人際關係

貝克特喜歡卡繆，不難看出他深受卡繆作品中荒謬概念（請參閱第六〇頁〈卡繆談荒謬〉）的影響。劇中人物在等待果陀，但根本等不到人，如同薛西弗斯推著巨石上山一樣，簡直是徒勞無功。約翰・藍儂唱過：「Life is what happens to you while you're busy making other plans（人忙著規劃事情時，生命便逐漸流逝）。」我們也在等待自己的「果陀」，有多少時光是糊裡糊塗度過的呢？

「果陀」可以指尋找生命的意義。我們可能正在等待真愛、尋求解放、改變方向、頓悟超脫，甚至可能等待死亡。我們等待某種抽象神祕的未來時，過得忙忙碌碌，生活一成不變，或者不知為何而忙，很是荒謬。不知不覺之間，人生這場鬧劇便即將落幕。

84《等待果陀》是一齣荒誕派戲劇（The Theatre of the Absurd），強調「人生本無意義」的哲學觀念。本劇分成兩幕，第一幕沒發生任何事，第二幕的情節又類似第一幕，因此穆西爾評論時才會寫說「搞了兩次」。

歐威爾談雙重思想

我們喜歡認為，人具備邏輯和理性，抱持的信念和價值觀都是一致合理且經過深思熟慮。我們希望自己受到別人質疑時，能夠堅定捍衛自己的立場，讓他們接受我們的論點。然而，前述說法有多少真實性？

英國作家喬治・歐威爾（George Orwell）在他的著名小說《一九八四》中對此表示懷疑，因而創造了「雙重思想」（doublethink）一詞。

《一九八四》成書於一九四九年，情節設定在不遙遠的想像未來，那時世界由三大強權瓜分。本書的背景舞台位於大洋國，一切都由「老大哥」為首的反烏托邦極權主義政權掌控。政府部門操縱人民生活的各種層面，但最令人不安（最有先見之明）的是「真理部」（Ministry of Truth）。這個部門會巧妙調整客觀的真理，而更糟的是，他們還會竄改「常識」，使其符合時事或新的黨派路線。

所謂雙重思想，乃是「一個人同時抱持兩種相互矛盾的信念……否認客觀現實的存在，卻認同自己否認的現實描述」。其實，雙重思想是用構建的現實去代替「事實」或「現實」，然後隔天可能會隨意重塑構建的現實。這是相信荒謬，不信顯而易見之事。這是接受被勸說後的立場，排斥任何「常識」。戰爭就是和平，自由就是奴役，無知就是力量。

然而，這並非虛構的反烏托邦才有的胡言亂語。它無處不在，司空見慣。哲學絕非無罪。如今的預設立場是否認「客觀真理」或「普遍事實」。我們要談論的，乃是「我的生活經歷」。在《一九八四》中，大反派歐布朗說道：「你要假設別人看到同樣的東西都和你一樣。溫斯頓[85]，我老實告訴你，現實不是外在的。現實存在人的腦海裡，不在別的地方。」歐威爾的噩夢不再遠在天邊，而是近在眼前。如今的標準論述正是如此。這是現代的團體迷思（groupthink，這個詞也是歐威爾發明的）。

正如歐布朗後續所言，這一切隱含的意義是，「我們的真理」可以被製造和改變，甚至強行灌輸給我們。一旦我們放棄客觀的評判標準或拋棄獨立的「真假對錯」觀念，險惡的強大勢力想恣意創造他們想要的「真理」來操縱人心時，有誰能夠阻擋他們呢？如果真理只是供人使用的工具，便會淪為強者拿來對付弱者的另一種工具。

我們被夾在岩石和硬處之間，進退維谷。要麼真理是客觀的，所以我們不得不告訴別人，說他們的信仰和行為是不對的，或者犯錯的人是我們（但願不是！）。要麼真理是一種構念（construct，包括「常識」、邏輯和數學等真理）。然而，如果我們接受這一點，我們也必須接受真理可以被創造和再創造。說穿了，這就很像歐威爾描述的場景。

85《一九八四》的主角。

卡夫卡談疏離

你是否覺得事情似乎……很奇怪？好像每天都支離破碎，混亂又矛盾？你是否發現，某些事情看似怪誕離奇，別人卻能完全視而不見？或者，你有沒有覺得，所有事物都毫無意義……你好像住在異地的陌生人？

法蘭茲．卡夫卡（Franz Kafka）在一九一五年撰寫小說《審判》（*The Trial*），便在書中探討「疏離」感。

《審判》的主角是約瑟夫．K，他某天醒來，發現自己因一項未知罪行被逮捕，而他從頭到尾都不知道自己的罪名（讀者也被蒙在鼓裡）。這是某個遙遠而神祕的法律體系審判公民的故事。人活在其下，如同經歷一場奇怪的夢。

我們有多常感覺自己好像不理解潛規則？我們似乎必須走蜿蜒曲折的路線？以前沒有特別規則，現在突然有了這些東西。或者我們現在必須使用無人真正了解或沒人想要的新詞彙或辦公室用語。如此一來，我們很容易感到脫節，好像參加了自己不該去的聚會。

《審判》描述一連串完美反映生活的脫節事件。它們發生在各種城市環境，譬如法院、銀行、公寓和教堂。每個事件都有各自的氛圍，帶著經常顯得荒謬的未知規則。我們會看到一批超現實人物：眾多女人前一刻才遭受虐待，下一刻又去虐待別人；執法人員腐敗而遲鈍；或者有一名商人，前途被毀了，依舊牽掛著自己的審判。作者只描述所有角色的外表，絲毫沒有觸及他們的內心世界。整個敘事會被突然發生的性愛所打斷。

這一切都適切描述了生命。這是突破平凡無奇的生活。這些偶然的片段是我們故意視為正常的荒謬時刻。這帶給人一種感覺，就是凡事都不正常，沒人真正知道自己在幹什麼。這種感覺就像我們只是沒頭沒腦地在玩耍，壓根不知原因為何，甚至連遊戲是什麼都不知。這就是迷失的感覺。

卡夫卡不同於沙特和杜斯妥也夫斯基，從來沒有讓作品角色思考他們的疏離感。正因如此，他的作品才能如此貼近人心。我們都覺得日常生活似乎有些不對勁，雖然我們試著去了解，卻無法對別人說出個道理，甚至於連自己也不甚了解，如同墜入五里霧中。

普魯斯特談非自主性記憶

你正在一家咖啡館裡頭排隊，聞到了前面那人的香水味。剎那之間，你的思緒往返大千，想起祖母數十年前生活起居的客廳。她當時噴的就是這款香水。

你外出散步，暮色昏暗，天空映襯著某棵樹的特殊身影。不知為何，你頓時回想起年輕時旅居國外的歲月。

你狂看YouTube影片，看得正起勁，突然插播了一則廣告，片中音樂來自於某一集的電視節目，而你從小跟著父親看著這個節目長大。你突然嚎啕大哭，連自己都吃了一驚。

法國小說家馬塞爾・普魯斯特（Marcel Proust）於二十世紀初出版巨著《追憶似水年華》（*In Search of Lost Time*），書中包含眾多元素，其中之一便是出現「非自主性記憶」（involuntary memories，又譯迸出式回憶）的時刻。

日語**積ん読**（tsundoku）表示把書買回家之後束之高閣，讓書囤積著。要說哪本書啃不下去，榜首肯定是《追憶似水年華》。這本大部頭巨著頁數太多，牽涉範圍太廣，作者的野心也太大。不少人聽過這部作品，有些人會讀一部分，但只有少數人曾讀完整本。然而，對於那些讀過整本書的人，甚至那些讀過部分的人來說，閱讀該書的體驗迥異於我們如今閱讀小說的感覺。

《追憶似水年華》有諸多引人注目之處，其中之一是對記憶的描述。該書區分了「自主記憶」（voluntary memory）和「非自主性記憶」：前者是我們可以選擇要回憶的東西，比如昨天早餐吃了什麼，後者是不由自主降臨我們身邊的東西。「非自主性記憶」非常強大，奇襲而來之際如同冷水淋浴，會讓我們突然頓住。

普魯斯特寫過一段著名的段落，講述他一邊喝茶一邊品嘗瑪德琳蛋糕。他吃蛋糕時，思緒遁入前世，現實突然扭曲，如同電影場景突然改變。他這般寫道：「其他的意識狀態融化消失了。」他突然回到過去，待在萊奧妮姨媽的身邊，吃著同樣的蛋糕，喝著同樣的茶。普魯斯特流露真情，寫道：「我先前看到瑪德琳小蛋糕，並未想起任何事情，直到品嘗了蛋糕，才回憶起這些。」普魯斯特和我們一樣，無法控制這一刻，也難以理解箇中緣由。誰都知道，「非自主性記憶」會突然迸出來，讓人措手不及。

我們活得愈久，愈覺得塵世時光如同一系列片段場景所組成，反而不像一部完整的電影。我們回憶童年或年幼生活時，可能就像想起另一個陌生人，根本不是現今的我們。這些「非自主性記憶」突然冒出來時，就像是某個轉世的鬼魂。

普魯斯特的作品牽涉甚廣，但貫穿其中的悲愴感和懷舊感，無疑最能引起共鳴。生命之河不斷往前流動，我們也持續向前邁進，而我們遺留的人就像我們在書中讀到的陌生人。

浪漫主義者談自然詩

徜徉於大自然會感覺歡愉美妙。上百隻椋鳥會在空中盤旋作舞，整齊劃一，排列出各種漣漪狀圖形。落日餘暉，絕美無比，雲層卷積，狀如魚鱗，被渲染成柔和的粉紅色。此外，寬廣的湖面波瀾不驚，平滑如鏡，深沉靜謐，美到令人窒息。大自然美不勝收，令人讚嘆，卻難以描摹。因此，我們會運用類比、例證或詩詞去歌頌自然。

浪漫主義詩人深信如此。他們文采斐然，落筆成文，行雲流水，字裡行間隱藏值得鑽研的哲理。

十九世紀之初，浪漫主義雖僅興盛數十年，然詩人輩出，各展長才，華茲華斯（Wordsworth）、柯立芝（Coleridge）、雪萊（Shelley）、拜倫（Byron）和濟慈（Keats）乃是其中佼佼者[86]。他們出身有別，各具特色（家世背景、宗教信仰和政治理念不盡相同），卻一致認為在先前數個世紀，啟蒙運動的科學唯物主義已經走火入魔，該加以扭轉了。這些詩人崇尚自然，追求純潔脫俗，意欲抒發塊壘，傳達理念。

盧梭（Rousseau）比他們早一代，認為自然萬物無不純粹完美，崇尚自然幾近於信仰宗教。社會和現代人的奸巧詭詐都在腐蝕和扼殺這種善良。人需要掙脫牢籠去享受生活和尋找快樂。浪漫主義者承繼這種思想並發揚光大。他們的詩歌歌頌自然，令人神往不已。

華茲華斯寫道：「我感到一種精神，催動一切有思想之物……而且貫穿萬事萬物。」對他而言，我們生而為人，誰都能觸及自然，而自然又反過來擁抱我們。人眼見自然之美，靈魂便雀躍不已，浪漫主義者運用這種文學語言，從中可看出柏拉圖主義（Platonism）的影響。

柏拉圖相信，人都擁有一個靈魂，而靈魂其實屬於人體之外的「理型世界」（請參閱見第一零六頁〈柏拉圖談真愛〉），它是介於實體存在與完美形而上世界之間的橋樑。人有了靈魂，便具備純粹的能力，得以去欣賞萬物的完美。浪漫主義者也是如此。他們認為，從美感獲得的快樂超凡脫俗，屬於形上學的真實理想，不僅是稍縱即逝的輕浮享樂。柯立芝非常喜歡康德，他和康德看法一致，認為人欣賞這種理想的能力是受限的。某些事情（生命中最重要之事）是科學無法觸及的。因此，浪漫主義者轉向使用抒情的隱喻手法和詩歌來傳達理念。

文字非常古怪。我們偶爾會身處歡娛的神祕時刻，但似乎難以言詮，解釋清楚。然而，文人腹有詩書，手起筆落，渾然天成，能夠直抒胸臆，遁入化境，令人沉吟再三，難以忘懷。

86 浪漫主義是歐洲的藝術、文學和文化運動，始於十七世紀的德意志邦聯，大成於十八世紀末至十九世紀的英國。文中提到的華茲華斯、柯立芝、雪萊、拜倫和濟慈皆是英國浪漫時期的代表詩人。

拉德福談虛構

誰都知道哈利波特的貓頭鷹嘿美、灰姑娘和科學怪人都不是真的，乃是**虛構的**。然而，我們讀到這些角色時，為何會感到悲傷或害怕呢？我們知道這些人物只是編造的，但為何還會心繫這些角色？我們如何以及為何會對虛假事物有真實的感覺？

這便是「虛構悖論」（paradox of fiction）。英國哲學家科林．拉德福（Colin Radford）近期探索了這個概念。

根據拉德福的說法，誰都會對虛構作品產生非常人性化的情感反應，這種反應是「不理性、不連貫和不一致的」。這似乎是一種心理「雙重思想」（套用歐威爾的術語，在本書第一六八頁〈歐威爾談雙重思想〉探討過這點）或認知失調（cognitive dissonance），亦即我們的行為與信念不一致。簡而言之，虛構悖論是如此運作：

(1)若要心繫某件事物，必須相信它是真實的。

(2)我們知道虛構作品不是真實的，劇中人物也不存在。

(3)我們心繫虛構作品。

似乎有矛盾之處。我們當然知道電影是虛構的，我們甚至會安慰彼此，說道：「別擔心，這不是真的。」然而，我們還是覺得《鬼店》很可怕，看到小鹿斑比的媽媽死掉還是會流淚。案例很多，不勝枚舉。

拉德福探討了第一項前提。他發現，我們在日常生活中，唯有相信某件事物確實存在，才會對該某事物感到遺憾或悲傷。他說道：「如果我不相信苦難……我就不會悲傷或感動落淚。」電視播出慈善活動要求捐款時能夠喚起民眾的同情心，因為人們知道自己觀看的案例是真實的。若要讓人產生情緒，必須讓他**相信案例存在**。然而，我們明知人物是虛構的，仍然會對其產生情感。

此外，拉德福不認為人會「擱置懷疑」。我們顯然確實保留了某種現實感。如果是另一種情況，好比我們**確實**認為自己在小說中看到或讀到的一切都是真的。首先，我們讀起來絕對不愉快。我們看完一部血腥的戰爭電影或恐怖電影將可能會有創傷後壓力症候群而終生受苦。其次，我們會以完全不同的方式做出反應。假使我真的相信銀河帝國（Galactic Empire）正在建造一艘殲星艦（Star Destroyer）[87]，或者薩諾斯確實擁有全部的無限寶石，我會被嚇到癱瘓，倒在電影院的地板上。

「虛構悖論」的核心概念根本不理性，但拉德福要我們接受它，但要知道它對身為人的我們有多麼重要。然而，這可能還不夠好（對哲學家來說更是如此，因為他們認為自己是理性的典範）。我們能說人是非常**不理性的**嗎？對於多數人來說，這點並不重要。人很荒謬，這點我們接受，所以我們會嘲笑自己，說電影竟然會讓我們害怕，或者書面文字竟然會讓我們哭泣。

87 舊譯為滅星者、帝國戰艦或星際驅逐艦。

亞里斯多德談修辭

哲學能否賦予你力量，讓你統治世界呢？它是否可以讓人擁有可用於大做善事或做盡惡事的魔法？你很走運，因為恰好有一種古老的智慧可教導你。有了這種力量，不僅能操縱人心，也能隨意差遣別人。

這一切都得歸功於古代的魔法師梅林[88]，亦即亞里斯多德。

亞里斯多德的《修辭學》（*Rhetoric*）就在闡述「說服」的藝術。該書教導讀者如何說服他人改變想法、贏得辯論或煽動人群。政客要贏得選舉，必須參照本書。你要是不想再被奶奶捏臉頰，也得去讀這本書。

《修辭學》成書於二千多年前，卻仍然尚未過時。一旦你掌握箇中訣竅，隨處就能發現有人在運用它們。你會知道該如何說服聽眾，也能讓自己免疫，不因別人的巧言令色而受到蠱惑。如果我們能看到舞台裝置，便不會那麼容易被台上的幻術欺騙。

那麼，有哪些說服技巧？亞里斯多德列出了三項：**人格**、**情感**和**邏輯**。

人格是（或似乎是）扮演好的角色。我們若是認為某人值得信賴和尊重，而他也知識淵博，我們就會聽信他們的話。醫生談論疾病時，說話的分量鐵定勝過酒吧喝得醉醺醺的傢伙所吐出的胡言亂語。我們比較容易被（裝得很像的）專家或「誠實可靠的人」所說服。

情感是喚起情緒的能力。我們若想喚起情緒，首先必須了解其本質。例如，假設我們想讓一群人生氣。要做到這一點，必須知道憤怒的機制是：「人若是明顯受到不該受到的輕蔑，就會想要報復而發怒。」知道了這點之後，我們要做的就是(a)強調別人對(b)無辜受害者所犯的錯誤，以及(c)呼籲人們伸張「正義」。我們也可以講一個笑話，藉此營造善意（也算一種**情感**），或者重述民族神話來激起愛國情操。這一切都工於心計，手段雖然卑鄙，卻非常有效。

邏輯是善用事實和良好的論述。如果我們想要說服某人，可能會首先想到這點。我們假設聽眾具備理性且通情達理，所以只要運用所有的正確事實去提出合乎邏輯的論述，他們便會接受我們的觀點，認為我們闡述得非常妥當。亞里斯多德可沒那麼天真，以為每次情況都是如此（要能說服別人，必須具備這三個要素才能奏效），但他最重視**邏輯**。不過，你若是比較挑剔，可能不同意這點。

你已經知道三項修辭技巧，絕對能隨處發現其蹤影。談到**人格**，政客總會誇耀自己，要選民信賴他們；說到**情感**，在莎士比亞的作品中，國王都會號召軍隊，激勵士氣，讓將士英勇奔赴戰場；論到**邏輯**，你的朋友總是引述煩人的數據來佐證他們的觀點。

88 英格蘭神話的傳奇魔法師，法力強大且十分睿智，能夠預知未來和變身。

雪萊談邪惡的科學家

德國工程師華納・馮・布朗（Wernher von Braun）熱愛火箭，對其愛不釋手。他在一九三〇年代曾受邀替德國納粹設計V-2導彈系統。馮・布朗當時並不介意，因為他喜歡火箭。爾後，他被帶到美國去主持太空研究計畫，他也很喜歡那裡。因為他可接觸更多的火箭！馮・布朗設計的武器曾在英格蘭南部殺死數千人，他應該為此負責嗎？此外，他主持ＮＡＳＡ土星計畫非常成功，他應該受到稱讚嗎？這個問題牽涉科學家應該為其發明賦予何種道德思想和責任。

十九世紀的小說家瑪麗・雪萊（Mary Shelley）寫過的《科學怪人》，在書中完美詮釋了這個主題。

在這部小說中，科學家維克多・弗蘭肯斯坦非常瘋狂，執意拼湊出他的「怪物」。他太想利用電擊讓屍塊活起來，根本不考慮這種行徑的潛在後果。然而，到了最後，這個怪物已經殺了三個人，還陷害了另一個人（讓她被處決），最後將弗蘭肯斯坦博士逼到筋疲力盡而死亡。

維克多或許很天真，不知道自己會創造出什麼怪物。他可能跟美國機械工程師和化學家湯瑪斯・米基利（Thomas Midgley）一樣有罪。米基利發明了含鉛汽油（以提升發動機效率），然後繼續發明了氟氯碳化物來改善製冷技術。前者會毒害人；後者會破壞臭氧層。然而，米基利發明這兩種產品時卻抱持良好的（商業）意圖，但無法預知將帶來何種災難。

科學可以用於成就大善或大惡，但科學家得肩負多大的罪責？最極端的案例是猶太裔德國化學家佛列茲·哈伯（Fritz Haber）。他發明了芥子氣，並在第一次世界大戰用於壕溝戰，而他知道自己發明之物可殺人，事後也毫無歉意[89]。另有美國理論物理學家羅伯特·歐本海默（J. Robert Oppenheimer）這種人，他知道核彈有多大的殺傷力，因此權衡了道德問題，最終找到製造核彈的平衡點[90]。在二〇〇一年，兩名從事人工鼠痘病毒（mousepox virus）研究的澳大利亞科學家發現，他們的病毒株甚至能夠感染接種過疫苗的老鼠。由於該病毒很類似人類天花（有可能用來當作武器），有人便提出這個問題：他們應該公布結果嗎？

維克多·弗蘭肯斯坦該負起多少責任呢？科學家疏忽犯錯也算是犯罪嗎（請參閱第四四頁〈克利福德談信念倫理〉）？我們應該謹慎小心，限制科學發展，還是科學能提供太多的潛在好處而不能錯過，因此我們要承擔擴展人類知識之後伴隨的風險？

89 芥子氣造成近百萬人傷亡。儘管《海牙公約》取締毒氣武器，但是按照哈伯的說法，他是要「儘早結束戰爭」。

90 歐本海默曾經參與曼哈頓計畫，最終研發出轟炸日本的核武，因此被譽為「原子彈之父」。戰後，歐本海默遊說國際社會控管核能，避免了美蘇的核軍備競賽，也防止了核擴散。

杭士基談語言學習

人類的嬰兒相當脆弱。小海龜知道如何在海洋中游泳，小馬出生後幾個小時便可四處奔跑，不少鳥類孵化後幾天便能飛翔。剛出生的嬰兒，甚至連頭都無法抬起來。

話雖如此，嬰兒在某個領域擊敗所有動物，這就是他們的大腦。人具備大腦，便能學習一種魔術：語言。美國語言學家諾姆．杭士基（Noam Chomsky）對此深感興趣。

語言確實很複雜，牽涉抽象概念、時態、人稱、數字、句法和文法。嬰兒不僅能夠掌握這些規則，而且能夠加以複製，真的很了不起。

小孩長到五歲時，雖然沒學過正規的文法，甚至只接觸過少部分的語言，卻能理解和使用他們從未碰過的句子。他們在還只能勉強接球的年齡時，便可輕鬆說出各種句子。幼兒即使缺乏指導，也會表現出遠遠超出其他發育階段的認知能力。杭士基據此提出論述，指出人類**天生**便能隔離和遵循語言規則。這項說法被稱之為「語言天賦論」（nativist theory of language）。

語言習得所需的通達能力必須是與生俱來的（內建在我們身上），因為它比其他的認知里程碑（cognitive milestone）發生得早得多。人都天生內建有根深柢固的「通用文法」（universal grammar），只須加以調整，以因應所接觸的語言。

人在兩歲和青春期之間有一個所謂的「關鍵期」。在這個階段，孩童擁有掌握語言的非凡能力。世間語系極其複雜，互不相關，從普通話、南非祖魯族使用的祖魯語、俄語到伊朗的法爾西語，形形色色，不勝枚舉。成年人可能要耗費數年，方能精通一種語言，但年僅五歲的兒童輕輕鬆鬆便能流利使用語言。

因此，下次看到幼童時，請轉換態度，以敬畏（甚至嫉妒）的眼光看待他們。孩童個頭雖小，卻能力非凡，乃是精通語言的小巫師。

德希達談文字

板球比賽有「三柱門」一詞。請向不知道這是什麼的人解釋這個術語……或者你其實不曉得它是什麼？

我們檢視像「三柱門」之類的術語時，很快便知道需要使用多少其他概念和字詞來解釋它，譬如：「三柱門的『柱』」、「出局」、「擊球手」、「投球手」等等……

你可以改用其他的體育術語。其實，任何單字都是如此。我們只能用其他的詞來定義一個詞。概念總是需要概念來解釋。我們陷入了語言陷阱。

這便是後現代法國哲學家雅克·德希達（Jacques Derrida）想透過他的「解構主義」（deconstructionism）去理解的。

德希達追溯從康德到維根斯坦（Wittgenstein）的一條思維線索，認為文字沒有固定或穩定的意義，而以此推演，人的概念也是如此。我們假設字詞與其代表的事物之間直接相連（tree肯定是指「樹」），但忽略了架構和孵化這些字詞的各種相關和必要的概念。

茲以「樹」這個字為例。它與各種類似的概念交織融合，譬如：「綠色」、「樹葉」、「樹皮」、「葇荑花序」[91]、「凋存」、「樹幹」和「樹精」等等。你可能知道某些術語，有些則可能不懂。問題是我們不能假設你或其他人都認為「樹」有一個穩定、固定和統一的含義。植物學家和藝術家對「樹」的理解不同，巫師對這個字的看法也不一樣。每個概念都能用這種方式去解構。

德希達將這種想法稱為「共時性」（synchronicity），每一個字詞都被交織在錯綜複雜的概念網絡之中。

儘管如此，人類天生就有一種「邏輯中心主義」（logocentric）的偏見，表示我們假裝字詞有明確或不變的含義。我們會說話和辯論，好像每個人都明確知道我們使用任何字詞時的意思。然而，抱持邏輯中心主義，便是誤解文字如何運作。正如德希達所寫：「文本之外，一無所有。」換句話說，文字有自己的生命，「外面」沒有明確的答案。沒有一種人人所謂的「樹」。文字都只是象徵和隱喻。

湯瑪斯．霍布斯（Thomas Hobbes）之類的哲學家和戈特洛布．弗雷格（Gottlob Frege）之類的邏輯實證哲學家試圖清除語言模棱兩可的特性，從中獲得更為精純的東西，但德希達認為這樣做很愚蠢。語言如同幻影，反覆無常，轉瞬即逝，但人卻能理解，著實令人疑惑。我們只希望不要經常讓別人弄糊塗即可。

91 無限花序的一種，花軸上著生許多無柄或短柄的單性花。

維根斯坦談語言遊戲

你和家人間是否有專屬的特殊用語？例如，你們會給遙控器暱稱嗎？你的朋友圈子是否有別人聽得一頭霧水的詞彙？英國籍的奧地利哲學家路德維希・維根斯坦（Ludwig Wittgenstein）認為，這類「語言遊戲」其實反映**所有**文字的運作方式。他針對「生活形式」的研究可讓我們一窺語言是如何運作的。

維根斯坦認為，我們的整個概念架構（conceptual framework），亦即人的思考方式，是由我們的生活形式所定義。沒有「私人語言」（只有你會說的話）之類的東西，因為某個詞要能夠有意義，至少需要兩個人就其定義達成一致的觀念，如此才能使用它，而這有點像人們一起制定遊戲規則。

詞彙及其概念是從獨特的文化、家庭、社會或學校來獲得意義，而這些場域又定義了詞彙**內容**、**使用方式**以及**何時何地**使用的規則。例如，你寫簡訊給最親密的朋友和祖母時，會使用不同的文字。「時下的年輕人」胡說八道、滿口抱怨時，用的字眼絕對超乎你的想像。

生活形式之間通常具有「家族相似性」。這表示對大多數人來說，許多詞語具有相同的含義，不過它們的用法若是發生變化，這點便有可能被打破。不妨思考一下「變態」這個字。它通常是指不正常的狀態，但對於年輕人來說，可能會用這個字去表達認可：「太厲害！太變態了！」

若是比較美式和英式英語，「語言遊戲」的案例更是俯拾皆是（不妨在這兩個國家使用pants、biscuit、purse或chips等單字，就會發現意思竟截然不同）[92]，但語言遊戲會出現在所有語言傳統的結構。例如，使用日語時，需要根據與誰交談和所處的環境來使用不同的詞彙；不同層次的禮節就直接被編入文法之中[93]。

我們學到了什麼？如果你正在學習一門語言，請多留意Google翻譯給的詞語。單詞有細微差別，需要根據上下文來判斷意義。當然，在某種情境下，誰都知道「那個玩意」就是你所說的遙控器。

92 美式英語的pants是指褲子，但英式英語卻是內褲；美式英語的biscuit指小圓麵包或鬆餅之類的東西，英式英語則表示餅乾。美式英語的purse是指女用手提包，英式英語則是錢包；美式英語的chips是指洋芋片，英式英語則是薯條。

93 日語的敬語體系。

結構主義——談二元

讓我們玩一個聯想文字的遊戲。遊戲很簡單：我們列出一系列的單字，然後你說出（如果你在公共場合，便改用想的）腦海中浮現的第一件事。準備好了嗎？試試下面的單字：

Good（好）
Up（上）
Cat（貓）
Happy（快樂）

你想到什麼？在很多情況下，我們的思想會被結構主義者（structuralist，源自瑞士語言學家斐迪南・德・索緒爾〔Ferdinand de Saussure〕的著作）所稱的二元對立所吸引。

二元對立理論指的是，我們使用的許多詞語和概念，其意義來自於它們與對立面的比較或對比。有趣的是，這些不一定是實際或真正的「對立面」。「好」和「快樂」可能和「壞」與「悲傷」對立，但嚴格來說，「貓」和「狗」並沒有對立。對立組蘋果／柳橙、茶／咖啡、刀／叉，以及鹽巴／胡椒等等也是如此。這些二元對立通常都有迷人的詞源、文化和歷史原因。然而，為何貓和狗會被視為「對立」呢？

對於結構主義者來說，二元對立讓這兩個詞具備了意義。因此，我們若是完全理解「善」，就會知道何謂「惡」，或者知道「醜」，就會知道「美」。我們偶爾定義某個事物（甚至我們自己）時，會指出它不是什麼。我們將其描述為「並非他者」。因此，部落選民可能會說他們「沒有投票支持那個傢伙！」，或者某一家的男孩子會被定義為「兄」和「弟」。

我們經常看到，這些二元事物分成積極和消極兩種，而這可能深切影響我們如何將偏見融入自己的世界觀。如果我們選擇構建「男／女」或「白／黑」二元對立，結構主義者（德希達尤其強調這點）會指出，這些概念的正面或負面意思將反映我們的文化，從而滲透到我們的日常行為之中。

例如，根據西蒙・波娃的《第二性》（請參閱第七四頁〈西蒙・波娃談女性主義〉和第二二二頁〈西蒙・波娃談為人母親〉）和卡洛琳・克里亞朵・佩雷茲近期的《被隱形的女性》，「男人」通常表示正常或積極的，而「女人」則是異常或消極的。佩雷茲指出這會影響許多領域，讓女性的權益受損（有時是致命的）；例如，業界只會針對標準的男性體型去進行安全測試。法農（請參閱第七六頁〈法農談黑人存在主義〉）也針對種族提出了類似的論點。

因此，讓我們思考一下我們語言中的二元對立。從好的方面來看，他們有令人好奇的文化和語言歷史（如果你對此有興趣，不妨閱讀比爾・布萊森〔Bill Bryson〕的好書《家居生活簡史》〔*At Home*〕）；然而，在最壞的情況下，這些二元對立可能會加深危害人群和不公不義的偏見，讓「好」或「正常」對上「壞」或「異常」。

7 科學和心理學

在我看來，科學迫使我們重新審視自己時是最有趣的。這會發生在我們試著理解自己的大腦、認識人類在自然中存在的方式，以及思考科技如何改變人類之際。心理學是最貼近人性的科學，它會融入哲學，反之亦然。這兩門學科模糊不清，難以區隔。

科學研究的是這個世界，但是在本書中，科學是用來研究人類的一面鏡子。

培根談科學方法

四歲的弗雷德和五歲的艾倫在吵架。

弗雷德大聲說：「獾只會在晚上出來活動，我看到了一隻！」但艾倫非常肯定，認為弟弟錯了。

兩人決定冒險去查探。艾倫必須數一數他白天看到的獾。弗雷德則要計算一下他在晚上看到的數目。到了週末，他們統計自己看到的總數。弗雷德看到了八隻，艾倫只看見一隻，但他認為那可能是隔壁的狗。他勉強承認弗雷德可能說得沒錯。

如果英國哲學家兼政治家法蘭西斯・培根（Francis Bacon）天上有知，會很佩服弗雷德和艾倫，因為他們落實了如今所謂的「科學方法」。

培根生於一五六一年，一生著書立論，但當時的百姓非常迷信，在「獵巫」風氣之下，女巫會被燒死[94]，人們相信星星會讓人生病。培根身為富有的男性白人，他是少數能夠扭轉這種現象的學士，最終為英國和歐洲開啟了更為理性的思維風潮。

培根在他的偉大著作《新工具論》（*Novum Organum*）中指出「宗教狂熱」和偏見非常危險。他根據觀察和證據，提倡一種邏輯體系，如今被稱為「培根法」（Baconian method），其機制如下：

首先，根據一組事實來概括或假設，例如「我在晚上見過獾，所以獾是在晚上活動」。培根指出，我們不應該超越一個資料點（data point，比如一隻貛）[95]，也不應該超過事實表明的範圍（例如「可以在晚上看到貛」）。

其次，收集更多的數據和事實並製作表格（培根喜歡製作表格），也要收集反面的事實（例如：「我從來沒有在白天看到貛」）。事實也必須和假設相關，所以必須忽略「蝙蝠會在夜間活動」或「臭鼬看起來很像貛」之類的事實。

第三，否定不符合事實的假設。

培根的體系也有問題，他提倡的科學方法不夠成熟，也太過粗略。它試圖**證明**事實，因此屬於「驗證」（verification）系統，卻永遠無法真正讓實驗結束（牽涉到歸納〔induction〕問題，第二五六頁〈休謨談黑天鵝〉會加以討論）。然而，我們還是得稱讚培根，因為直到三個世紀之後，波普（Popper）的「否證」（falsification）（**反證**[96]理論，請參閱第二〇二頁〈波普談偽科學〉）才完全解決這項錯誤。

最重要的是，培根遵循**理論要符合事實**的傳統，而非讓事實去遷就理論。他認為聰明和理性的人即使看見不符合他們偏見和成見的事實，也不會妄加否認。

科學方法的價值在於它的功效。人遵循科學，才能治療癌症、遨遊天際和運用電腦。古代人迷信和抱持偏見，只會去燒死女巫。

---

94 獵巫（Witch-hunt）是搜捕女巫或施行巫術的證據，將被指控的人帶上宗教審判法庭，這類事件屬於政治迫害。

95 原指繪製在圖上的點，皆有一對數值與之對應。

96 disprove，證明為誤（偽）或反駁和駁倒。

孔恩談典範轉移

不妨想像一下你活在思想史上的革命性時刻，譬如達爾文（Darwin）發表《物種起源》，指出人類不特別的那些年，或者當哥白尼（Copernicus）揭示地球不是宇宙的中心的時刻，甚至是當約翰．斯諾（John Snow）和巴斯德（Pasteur）證明疾病是由細菌引起，而非「有害空氣」的時刻。各位想想，這些在當年必定引起震撼，顛覆世人的看法。人們認為神聖不可侵犯的堅實信念基礎，竟然就像會移動的地殼板塊（tectonic plate，順道一提，以前的人也認為板塊不會移動）。

科學史上的這些時刻便是二十世紀美國哲學家湯瑪斯．孔恩（Thomas Kuhn）所謂的「典範轉移」（paradigm shift）。

我們都認可某些假設世界如何運作的理論。除了少數（通常是古怪的）邊緣分子，多數人都認為世界是圓的、細菌會讓人生病、光線會有色散現象，以及世界是由原子組成。這些是我們日常既定的世界觀，會影響我們的舉止行動（例如，我們會洗手來殺菌）。這類假設被稱為「典範」（paradigm）。

在這些典範中，經常會出現令人費解的問題，而這些問題通常會在「常態」科學中來解決。孔恩稱之為「收拾零雜」（mopping up）。然而，異常情況偶爾可能不容易解釋，但由於它只出現一次或不可重複，因此遭到忽略。話雖如此，在非常罕見的情況下，這些問題可能會開始累積，累積到不能再忽視的異常情況。此時便會發生「典範轉移」。

在這些時候，科學界通常會非常固執，不願承認典範中的漏洞。他們最後接受新的典範時都會咬牙切齒。這就是為何引發典範轉移的人，亦即天才和革命者，往往都是年輕的局外人，或者天賦異稟，能夠跳脫典範去思考。愛因斯坦二十六歲便提出了相對論！

這就表示，任何科學都可以被稱為「真實的」（true），或者「暫為常態」。卡爾・波普（Karl Popper）在孔恩之前曾說，科學絕對不是「真實的」，只是「尚未變成假的」，但孔恩想得更透徹。科學可能會達到永久的「常態」，屆時將無人能夠顛覆典範。然而，這並不表示它會是「真實的」，只是人類已經無法跳脫它去思考了。

所以，科學並非萬無一失，絕對正確。總會有問題，也會有所改變，但這並不是說醫生和博士一無是處。真正的典範轉移非常罕見。這類改變只是告訴我們，科學家一直在自我檢查，以確保他們的答案是最好和最有效的。我們看到典範轉移，應該**更能去**相信科學，因為我們知道，科學不只是信仰或純粹假設。

海德格談科技如何影響我們

一切都改變得太快了。曾幾何時，人類靠土地吃飯，知道萬事的規則。然後，人們發明了收割機、設置會冒煙的工廠和建造大城市。在十八世紀的英國，百分之七十的人是農民。到了一九〇一年，務農人口的比例降為百分之三。在一八〇〇年代，需要六週才能橫渡大西洋。如今坐飛機只需要六個小時。過去兩個世紀的變化速度真是驚人。問題是我們是否有時間弄清楚人該如何融入周圍的世界。我們是否培養了生活在這個新世界所需的能力、美德和行為？

出生於十九世紀末期的馬丁．海德格並不這麼認為。在他後來的著作中，亦即在他「轉向」，變得更類似於浪漫主義詩人之後，海德格要告訴世人，說我們在看待科技和自然時犯了十分嚴重的錯誤。

我們身為人類，做每一件事時都有一種描述那種行為的敘事說法。我們工作是因為努力工作是好的（請參閱第一一四頁〈韋伯談熬夜工作〉）。我們尊重個人隱私，所以我們（通常）不會與陌生人閒聊。我們的價值觀、敘事和態度，決定了我們的言行舉止。我們的所作所為都受到某個框架限制。我們對待自然的方式也不例外。

海德格使用術語「**框架**」（Gestell）來描述人對科技的態度。他認為，我們如今以冷酷的功利主義看待自然世界。我們將樹木、河流、山脈和莊稼視為可以隨意開發的資源。我們將一切視為「常備儲備」（standing reserve），彷彿大自然只是人類的奴隸和工具。我們從「事物能為我們做什麼」的角度來看待一切。

我們抱持這種態度，便脫離了現實世界。數千年以來，我們的祖先在此俯仰生息，將其視為家園，找到了生命的意義。如今，我們將科學視為了解整體存在意義的唯一途徑。然而，科技講究客觀，疏離人性，科學論述冰冷乏味，這一切掩蓋了原本朦朧之美的世界，讓我們無法窺探生命的奧祕。人類創造科技，使其成為某種守門員或警衛，整個世界都必先通過它的檢驗。因此，我們又離自然更遠了一步。

誠如海德格所言：「無論我們熱情擁抱或否定科技，我們仍然隨時隨地都不自由，而且被科技所束縛。」他在網際網路和智慧型手機問世之前便寫下了這句話。我們如今是真正融入了機器，完全透過科技去看萬事萬物。民眾會爭先恐後去拍煙火而不是看煙火，我們看到孩子踏出第一步時，不是去體驗那個心動的時刻，而是忙著拿起手機拍照。東西除非分享到了網上，否則都是假的。我們迷失了自己，將自己從大自然抽離出來。然而，在我們的心靈深處，遺留了一股沉悶且悲傷的渴望。

赫拉克利特談不斷改變的自我

想像一下，你遇到了十歲的自己。你們會談什麼？你們能好好相處嗎？

如果你遇到八十歲的自己呢？會發生什麼變化？你會想改變什麼？

隨著年齡的增長，人幾乎都會徹底改變。幾乎少有元素能將今日的我們與過去的我們或將來的我們聯繫起來。

古希臘哲學家赫拉克利特（Heraclitus）提出了忒修斯之船（Ship of Theseus）。這項思想實驗便概括前述的深思細想，旨在探討個人身分問題並挑戰人的直覺，運作方式如下：

忒修斯（Theseus）是偉大的海軍將領。他率領船艦出征，投入戰場之後，船體有所損壞。這艘船艦返回港口，更換了幾塊木板，然後再度出航。不久之後，忒修斯又再次與另一艘敵艦對戰，結果船又毀損，更需要大修。這種情況一直持續，直到**船上木板全部都被替換**。問題在於：最後的忒修斯之船還是起初的那艘船嗎？

這個問題可以套用到人。每個人都由數以兆計的細胞組成，細胞會不斷死亡和重生，如此反覆循環。人體內的每一個細胞都會在一年內更換。你的身體與一年前的身體幾乎完全不同，遑論跟十年前相比……，既然如此，什麼東西讓你依舊是同一個人？

可能是你的記憶，但記憶會消失，也有可能是錯誤的。不斷變化、不可信賴的記憶絕非永久奠定身分的堅實基礎。也有可能是你的人際關係？同理，人與人的關係總是會變化。有人會進入你的生活，有人則會離開。生命就是如此。

還是你的興趣或你的愛好？我懷疑你現在喜歡的東西會跟小時候一樣。你如今喜愛的書籍跟你十二歲愛讀的書一樣嗎？你還會在凌晨五點四十八分起床看動畫嗎？你是否還會在耶誕節時要新的金剛戰士當作禮物？

人們常說：「我的ＤＮＡ造就了我。」這是千真萬確，這是你獨有的。某些大腦神經元永遠不死，這也是事實。然而，這裡的問題是關於自我認同和人格。你會用ＤＮＡ和神經元來**定義**自己嗎？人類在富蘭克林（Franklin）、華森（Watson）和克里克（Crick）[97]以及核磁共振掃描（MRI scan）之前有身分嗎？你在社交媒體上的「關於我」是否包含與自己整體基因組（genome）的連結？

那麼，忒修斯之船是同一艘船嗎？你和先前的你一樣嗎？有什麼不朽的基礎，能夠永遠不會改變，將你和你的過去聯繫起來，並且未來依舊如此？你若是遇到八十歲的你，會談些什麼呢？

97 克里克是英國生物學家、物理學家及神經科學家，曾與華生共同發現脫氧核糖核酸（ＤＮＡ）的雙螺旋結構。

利貝特談觀察自己的行為

讓我們嘗試一項「自己動手做」的哲學實驗。把手放在最靠近你的表面上，手掌朝下，就這樣擺著。幾秒鐘之後，可以把手拿起來。你只要想把手拿起來，就可以這樣做。時間由你掌控。

你做了嗎？你為何選擇了那個時刻？為何不是之前或之後的時刻？究竟是什麼觸動了從大腦、神經系統到手的生物鏈？你的思想或意識的哪一部分碰觸了第一張骨牌？它是如何碰觸的？

數千年來，這個問題一直困擾著哲學家。然而，當美國科學家班傑明．利貝特（Benjamin Libet）在一九八〇年代對此進行實驗時，得出了一些令人震驚的怪誕結論。

若想了解利貝特的實驗，我們必須知道大腦中有一個非常特殊的區塊會負責「自願」（voluntary）行為，譬如：人選擇把手舉起來。罹患帕金森氏症或妥瑞症而會抽搐的人，該大腦區域不會被啟動。這個大腦區塊控制著我們的「準備電位」（readiness potential），它在每一個自願決定之前都會被啟動。首先，我們有「準備電位」，然後才有行動。

讓我們來談談這項實驗。利貝特召集了一組受試者，讓他們進行與前面完全相同的實驗。他們所要做的，就是在自己想要舉手的時候舉起手。（可能的）不同之處在於，利貝特的受試者頭上戴了特殊的電極，以此測量他們的大腦和手腕的神經。所有受試者都被告知要記下他們「選擇」舉起手的確切時間。照理來說，這種選擇意識應該會與大腦中的「準備電位」同步。

然而，事情根本不是這樣。利貝特指出，大腦的「準備電位」比人的意識早三百五十毫秒就被啟動。換句話說，大腦在我們認為自己已經選擇舉手之前三分之一秒便已經「選擇」去移動我們的手。

我們的身體一直按照它認為合適的方式行動，而我們的意識只是像完全不相干的旁觀者在旁注視著。我們認為自己主導一切，做出「選擇」的是我們，但我們的大腦其實已經完成了一切。利貝特如此總結：「自願行動似乎是一種無意識的大腦過程。自由意志顯然不可能是發起動因。」

有人批評過利貝特的論點，指出：只有大腦皮層的「準備電位」才能處理自願行為嗎？這種說法有多牢靠？然而，這些批評仍然不得要領，沒有達成定論，而利貝特的實驗被認為是可信的科學研究。

因此，你下次伸手去拿餅乾，或者對陌生人微笑時，別忘了你的大腦早已經替你做出了這個決定。你可能會覺得自己掌控了一切，但其實只是坐在電影院，看著自己的身體演出你的生活……

波普談偽科學

你有沒有想過，是否有辦法能揪出全天下的庸醫或行走江湖賣藥賣藝的騙子？是否有分辨偽科學（pseudoscience）和科學的方法？是否有簡單的工具能夠戳破謊言？

二十世紀出生於維也納的哲學家卡爾・波普（Karl Popper）就著眼於這點。他的「否證」（falsification）[98]現在是科學方法的基石。

波普致力於解決休謨的歸納問題（請參閱第二五六頁〈休謨談黑天鵝〉）和改進「確證主義」（verificationism）的缺陷（請參閱第一九二頁〈培根談科學方法〉）；換句話說，無論我們觀察某件事物多少次，永遠都不能說它「絕對如何」。因為即使最嚴謹的「法則／定律」，永遠都可能被推翻。

根據否證，一個命題（proposition）、理論或假設是否強大，端賴它能夠抵抗否證證據的程度。科學實驗和普通的經驗，都不能**驗證**某個理論（證明它），只能**否證**這個理論（反駁它）。因此，萬有引力是強大的科學定律，因為幾個世紀以來，無論人掉落多少次東西，萬有引力仍然一如既往，會讓東西摔成碎片。

綜觀歷史，有許多理論（例如：神創論〔creationism〕）曾被普遍接受，但後來卻出現足夠的證據來否證它們（譬如：古生物學〔palaeontology〕、演化論〔evolution〕或地質學〔geology〕）。

因此，所謂可行的理論，只代表後續的實驗都表明它目前不是錯誤的。

如果一項理論不能在邏輯上被否證，亦即**沒有證據可以反駁它**，波普便會將其斥為故弄玄虛、胡說八道。他曾嚴厲批判黑格爾主義、馬克思主義和佛洛伊德理論，將前兩者斥為「開放社會的敵人」。

例如，抱持佛洛伊德主義的人若是看到一個似乎對母親沒有情欲的男人（駁斥佛洛伊德主義的否證數據點），他們可能會說：「喔！好吧，情欲只是被壓抑了！它會出現的。」或者，當馬克思主義者看到了馬克思主義過往的失敗情況，他們可能會回答：「喔！可是從來沒有人適切施行過馬克思主義！」否證告訴我們，如果沒有東西可以證明某個理論是錯誤的，這個理論便是無稽之談。

當然，我們都是人，誰都有「確認偏誤」，尋找與我們觀點一致的東西。但波普為我們提供了一個很好的方法，可以此去檢視和改進我們的信念。假使日後朋友想替你算命，或者告訴你來自外星球的爬蟲類統治著這個世界，不妨問他們有什麼事實可讓他們放棄這些觀點？如果他們說找不到，你就要聽從波普的建議，立即轉頭離開。

98 由檢驗或測試去「否定」某個假設，但並不表示被否證的假設全部為假，因為該假設日後仍然可以通過檢驗而受人「認可」。

圖靈論機器人與人類

你下次見到家人或朋友時，不妨和他們玩一個遊戲：裝得神祕兮兮，然後眯起眼睛，說他們是披著人類皮膚的機器人。你要很嚴肅，要他們提出證明說你錯了。他們能通過「圖靈測試」（Turing test）嗎？

英國數學家艾倫．圖靈（Alan Turing）認為，如果沒有可辨別的方法來區分機器和人類，我們便可指出，機器是有思想和意識的東西。

圖靈夙負盛名，號稱現代電腦科學之父，曾是英國破譯納粹密碼系統「恩尼格瑪」（Enigma）的領軍人物。在一九五〇年代，他認為找不到否認機器會思考的觀點，因此機器遲早會通過「模仿遊戲」。圖靈最初建議，這項測試將使用純文本語言交流（如今稱為「聊天機器人」）進行。我們如今可以擴展圖靈測試，納入更先進的機器人技術，然後思考機器是否不僅像人一樣會**說話**，而且**行為**也跟人沒兩樣。

我們什麼時候可以問道：機器與哲學家口中「他心」（other minds）[99]之間有何區別？假使機器的行為與你朋友的行徑完全一樣，這兩者有何差異？

假設你的母親是一台機器，你有了這種啟示之後，會改變你對她的愛嗎？如果你知道自己最好的朋友是**製造的**而非天生的，你們的關係會改變嗎？我們是否只是根據建構材料而對機器抱持偏見？為何大腦突觸優於電路板的電線？

人都被一道無懈可擊的鴻溝隔開。我只能知道**自己的**想法，永遠無法得知你在想什麼。圖靈測試告訴我們，人會毫不思考，迅速透過他人的行為來假設對方具有意識。

那麼，你能向我證明你**不是**機器嗎？

---

99 又稱他人心靈，哲學知識論有一個傳統的他心問題。這個問題由懷疑論者提出，著眼於如何證明其他人與我們擁有相似的心靈。

艾西莫夫談機器人法則

你認為人工智慧需要多久才能有自我意識？機器人何時能夠獨立思考？人類最終很可能會創造出有意識的機器人。然而，我們要問的是：我們希望這些機器人做出何種行為？我們應該制定哪些法律和規則？我們是否希望它們像人類一樣，也許是理想的人類，或者是完全不同的東西？我們不妨從美國作家以撒．艾西莫夫（Isaac Asimov）的作品去切入這些問題。在他的科幻世界中，機器人已經獲得了感知能力。人類替機器人設定了三大法則來控制它們的行為：

(1)不得傷害人類，或者坐視人類受到傷害。

(2)除非違背第一法則，否則必須服從人類的命令。

(3)除非違背第一或第二法則，否則必須保護自己。

有了這些首要原則，艾西莫夫便開始研究機器人。他講述的故事非常精采，探索這些規則可能帶來的複雜情形或矛盾以及其中牽扯的問題。下面講述一二。

第一法則：首先，什麼是「傷害」？如何讓人工智慧去判斷。這個問題非常棘手。仇恨言論會傷害人？霸凌也會傷害人嗎？如果有個機器人罵我，那算是傷害嗎？

其次，何謂「坐視」？例如，在艾西莫夫的科幻小說短篇集《我，機器人》（*iRobot*）或改編的同名電影《機械公敵》，機器人VIKI認為，讓人類胡作非為便是坐視不管（不作為），這樣是有害的。把人關起來會好得多。

最後，這條規則絕不允許功利主義，讓機器人「殺死（或傷害）一個人以拯救許多人」。例如，如果無人駕駛汽車要撞毀了，鐵定會有傷亡，此時它應該怎麼做？讓車上乘客犧牲，還是去撞三個行人？假使乘客是兒童，該怎麼辦？

第二法則：如果機器人是有感知的，這樣規定是否在奴役它們？一旦機器人與其他人類無法區分，人類有何理由讓機器人成為奴隸？

第三法則：很難看出這條規則不會徹底貶低和物化機器人。對於烤麵包機來說，這可能不是問題，但別忘了，此處考慮的是會思考，甚至可能有感覺的機器人。根據第三法則，機器人將被完全剝奪生活以及為自己選擇的自由。他們甚至被剝奪了選擇生存的權利。如果有意識的生物都有選擇的權利，有知覺的機器人不是應該有自由選擇永生的**權利**嗎？

請各位注意，艾西莫夫本人發現「永遠要這樣做」類型的義務法則通常不完美。然而，人類日後將發展出有感知的人工智慧，使其在日常替人類服務，因此如今更需要透過哲學去提出這些難題。你認為我們應該替機器人制定何種規則？

費米論外星人

地球出了什麼問題？為何沒有外星人來跟我們打招呼？地球是否為銀河系的邊緣人，大家都懶得理這個落後地區嗎？喂，外星人，你們在哪兒?!

這個問題困擾了美籍義大利裔物理學家恩里科．費米（Enrico Fermi），於是他提出了**費米悖論**（Fermi paradox）。

銀河系約有二百億顆類似太陽的恆星。在這些行星系統中，有五十億顆具有大小類似於地球的行星，也適合人居，或者它們位於生命生存所必需的「適居帶」（Goldilocks）[100]。保守一點，假設其中只有百分之零點一的行星可誕生生命，銀河系便有數百萬顆可以（應該）有生命的行星。

而銀河系只是**一個**星系。誰知道銀河系之外還有多少星系？（根據目前最棒的觀測技術，我們知道至少有一千億個星系，而這只是我們所能看到的。）

費米悖論問道：外星人在哪裡？當然，既然有無數個有生命的星球，我們現在應該已經遇到了外星人。一旦人類齊心協力，從首度能夠飛翔到登陸月球，一共只花了六十年。數十億年來，外星文明必定已經發展這類科技。然而，地球為何不屬於某個星際聯邦呢？為何我們沒有外星人鄰居？為何我們不將地球的碳轉換成火星的氦？

有幾個可能的答案，全都能寫成科幻小說或改編成電影：

是否要發展太空技術所需的智慧是地球型碳生命所獨有的？

或者，距離太遙遠，又不可能以光速旅行，因此兩種外星生命永遠無法接觸？即使人類能以光速旅行，仍然需要七萬年才能抵達最近的星系。在那種不同的環境之中，這段時間夠長，太空船上的人類可能會進化成不同的物種！

也許有一個普世規律，亦即當某種生命達到一定的科技水準時，礙於戰爭、氣候破壞、會終結生命的人工智慧和資源枯竭等原因，他們便會自我毀滅。

外星生命或者迥異於人類，彼此無法交流。例如，對方能是超維度的，或者更像是人工智能或以波的樣式存在。

我最喜歡「動物園假說」（zoo hypothesis）。這種理論認為，外星人全都徜徉於宇宙，但不知為何，地球都被刻意忽略了。也許人類只是看著很有趣，就像企鵝一樣。

當然，還有一種可能……外星人一直都住在地球，你的隔壁鄰居真面目並非平常你看到的那樣……

100 古迪洛克行星（Goldilocks Planets）是軌道位於恆星適居帶的行星，經常用來指與地球近似的行星。

戈弗雷史密斯論他人心靈

很難去想像另一種形式的智慧生命，連幻想另一種智慧生命都很困難。科幻小說林林總總，譬如《星際大戰》或《星艦迷航記》，其中的外星人根本是就是人類，只是長得奇形怪狀。這些外星生物如同人類，大腦具有神經系統。然而，是否有另一種生命形式呢？

彼得・戈弗雷史密斯（Peter Godfrey-Smith）最近出版了一本優秀作品《章魚，心智，演化》。他在書中提到，我們不必在銀河系尋覓另一種智慧生命，只要在地球上便可找到（嗯，就是大海……）。牠們就是頭足類動物。

人類是「脊索動物」，表示我們有一個中央控制大腦，負責操作脊柱，然後擴展到神經系統。因此，人體有百分之九十以上的神經元存於大腦，控制、移動、協調和同步整個身體。打個比方，人腦有點像黏糊糊的灰質獨裁者。

然而，頭足類動物以截然不同的進化路徑去發展智力（所謂的「趨異演化」〔divergent evolution〕）。牠們的智慧部位遍布全身。因此，章魚某條觸手的神經元數量與其身體或另外七條觸手的神經元數量大致相同。

演化結果當然很奇特。章魚的觸手各有自己的意志，其肢體會自己「思考」，並且完全獨立表現或處理事物，不受中央大腦控制。大腦可以並且確實會校準或協調整個身體的動作，但這並不能強迫。觸手可以「選擇」合作與否。因此，章魚更像是一個聯盟。

觀察「他人心靈」有助於我們更加了解自身的想法。例如，戈弗雷史密斯認為，人的意識可能是大腦複雜感覺同步的副產品。大腦工作繁重，於是創造了人體內部和外在環境的反饋循環，我們將其稱之為「意識」。這是非常高明的把戲，無論是否出於偶然，都能控制好整個身體，真是不可思議。

你若想知道外星人長什麼樣子，盡量不要將人類智慧投射到外星人身上。畢竟，人類只是一種生命形式。

不妨去看電影《異星入境》（或閱讀姜峯楠的原著小說《你一生的故事》），你會知道為什麼。

佛洛伊德談性格

你是否曾感覺在某一天、某一週或某一年的不同時間裡，可能有不同版本的你？你有沒有發現，你有時會隨和有趣，偶爾又會死守規則和顯得嚴肅？一百多年前，西格蒙德·佛洛伊德發現了這點，對此深深著迷。

雖然說在他之前的哲學家從未探討心理學是不公平的（休謨便曾探討過），但佛洛伊德最早將心理學發展為如今的獨特學科，這點毫無疑問。佛洛伊德認為，我們的心靈／精神（psyche）或我們的性格可分為三個層面：

自我（ego）：這是我們理性、有意識的聲音，是你閱讀本篇的部分，也是你腦中敘事的部分。

本我（id）：包括我們原始的獸性欲望，譬如肉欲、衝動和性欲。它們深刻而衝動，驅使我們採取行動。

超我（superego）：這是我們的「道德法官」或審查員，與良心沒什麼差別。它與禁令、規則、結構和罪惡感有關。

佛洛伊德將人所有的問題稱之為「神經官能症」，都可歸結為一個或多個問題的不平衡或失調，譬如本我過多、超我不足、自我薄弱等等。佛洛伊德療法旨在解開我們心靈中隱藏和埋藏的那些元素，藉此重建平衡。

佛洛伊德有時被指稱為痴迷於性壓抑，但性壓抑只是神經官能症的一種（超我支配本我）。性強迫症者同樣會有神經質（本我過多）。他認為信教的人都有神經質，他們誇大了超我，使其成了神（請參閱第一三八頁〈佛洛伊德談聖父〉）。

這便是為何「父親形象」對佛洛伊德和佛洛伊德的心理治療如此重要：我們的父母和老師在我們的童年時期代表並建立了超我，並且是我們在青春期見證和引導我們本我的覺醒。

現代心理學界認為，從科學角度而言，佛洛伊德的理論不值得信任（佐證他想法的實驗證據付之闕如），但他提出的典範是自我反省、治療和討論的有用工具。我們有時需要接觸自己的基本衝動，有時則喜歡有規則、結構和秩序。如果不出意料，佛洛伊德的理論非常迷人，也許他的思想很直覺、有吸引力，因此至今還能影響這麼多人。

皮亞傑談發展心理學

如果你找不到鑰匙，你認為鑰匙會永遠失落在以太（ether）[101]之中嗎？如果你看到三個人站著，彼此相隔甚遠，而另外三個人則形成一個小團體，你會說哪一批人數更多？船會漂浮，而我的新玩具看起來像船，你認為它會漂浮嗎？

如果你已經七歲了，我希望你都答對了。然而，這並非那麼容易。瑞士心理學家尚・皮亞傑（Jean Piaget）認為，人並非天生就能回答這些問題，必須先在童年發展的特定階段學習知識。他的作品有助於我們全盤了解人類思維如何運作。

皮亞傑率先運用實驗和研究來檢驗兒童如何學習。人們此前認為，嬰兒如同小型的空容器，只需要對其填滿知識。然而，皮亞傑證明嬰兒大腦截然不同於空容器。他敢於花點時間陪伴孩子，此舉震驚了學界。

皮亞傑從自己的著作（包括他對自家孩子的研究）得出結論，認為嬰兒的思維其實類似統計推理機器。在「感覺運動階段」（sensory-motor stage，從出生到兩歲），嬰兒使用觸覺、聽覺和視覺來確定什麼是重要的事物。各種感覺紛至沓來，嬰兒最先得篩選什麼是有用或無用的東西。例如，嬰兒出生時便能偵測到所有人類語言中的全部六百個音素（phoneme）[102]。到了他們一歲時，這個數量會減少到他們語言中最常聽到的音素（英語大約有五十個）。他們的大腦突觸和神經通路通過觀察到重複音素而被強化和固定。

在整個這個階段，嬰兒將他們的觀察內化，形成世界如何運作的「概念表徵」（conceptual representation）。嬰兒大一點之後，會刻意做些實驗來測試這些表徵，好比丟一個玩具，看它是否會掉下來。因此，無論父母多麼確定「寶寶這樣做一定是為了惹惱我！」，他們其實只是在測試一個假設。

人其餘的學習發展部分包括（在另外三個「階段」）建立愈來愈複雜的概念。這可能是「守恆不滅」之類的事情，例如學到將液體從高瘦的玻璃杯倒入短胖的玻璃杯之後，液體的量不會改變，或者是後來的「傳遞性」（transitivity）概念，學會如何去類比，例如：如果X和Y在某個層面是相似的，他們可能在其他層面也是雷同的。人有了這個概念，才能奠定基礎去學習眾多的邏輯和哲學。

皮亞傑顛覆了兒童早年的學習模式，但他的研究也讓我們知道身為人的意義。人有別於萬獸，既沒有最大或最有效率的大腦，但人確實有最長的發展時間，從中塑造心靈，幾乎可以適應任何環境，學會如何生存發展。人腦能被靈活塑造，確實非常奇妙。

---

101 光的波動說廣為科學界接受之後，物理學家認為，光既是一種波，必須依靠某種介質傳播，此種介質被稱之為「以太」，而光又能在真空傳播，故假設以太應為無色和無質量，看不見又摸不著，而且不起物理或化學變化，充斥宇宙之間。然而，以太假說最終被揚棄。

102 構成人類語音之基本發音單元，由聲腔形狀來決定，可分為母音和子音，也可由聲帶的振動與否分成有聲音和無聲音。

完形治療談無所事事

我們受困於喧囂的生活，雜音太多，很難停下腳步去呼吸或省思。我們腦海中嗡嗡作響的繁雜思緒將我們更安靜深沉的自我推到一邊。我們需要找一塊樹林空地去沉澱心靈……，這便是完形治療（Gestalt therapy）所謂的**豐盈虛空**（fertile void）。

完形治療深受存在現象學（existential phenomenology）所影響。存在現象學是一門哲學分支，著眼於「生活經驗」，或者探討世界對我們的實際呈現方式。完形治療強調當下經驗，盡量去淡化或排除過往歷史、記憶和自我強加的身分給人帶來的包袱。完形治療不會問我們曾經有何感受，曾經發生什麼，或者人們認為我們是誰，而是會問當我們現在接近某種情況時會發生什麼，以及告訴我們**此時此刻**我們是誰。它聚焦於現在。

因此，完形治療師不會詢問我們的成長經歷（佛洛伊德派便是如此），而會詢問我們現在對父母的感覺。完形治療解開現在的包袱，將過去視為負擔，認為過去幫不上忙。過往經驗創造了標籤、固定的身分和自我實現的預言。完形治療是向前看，不是向後看。

完形治療要人深切看待當下，而如今生活節奏飛快，如此聚焦於眼下這段時間可能會讓人不適應。這通常很難辦到，因為試圖專注於當下（其他圈子稱之為「正念」〔mindfulness〕）往往會躲藏在隔閡、常規和我們養成的癮頭之後。

因此，我們必須著手去進行**建設性的破壞**（constructive destruction），亦即我們必須剷平某部分的自己或生活，破除那些我們認為不可觸碰的部分。我們必須將自己視為一張白紙。我們必須重新開始拼圖，去擁抱虛無和虛空。

這種空白稱之為**豐盈虛空**。這並非無聊枯燥，而是沒有任何「必須做」或「專注於此」的感覺。這是「關機」、鎖門或對朋友說「噓！」。這是有意識地清除心靈混亂，隨著時間的流逝，某些有創造性和輝煌的強大東西會流入其中。

在**豐盈虛空**中，我們必須翻土，才能長出花朵，可能是一種新的愛好或技能，一種新的關係，一種新的視角……隨著空間的推移和時間的遞嬗，新的東西將會生長出來，非常美妙，有所變革。

要獲致這種有意識的虛無非常困難，也需要有勇氣去做。如果我們從事高風險的計畫，如何能向老闆說「不」?我們如何改變一輩子養成的習慣?那是我手機上發出的通知訊息嗎?!如果能排除這些心靈混亂，這種虛無會讓人感到平靜和有所啟發，因此擁抱豐盈虛空將值回票價，獲益匪淺。

8 日常哲學

我偶爾深夜與人促膝長談，聊聊日常事物，結果聽到一些最棒的哲學理論，這或許有點奇怪。這些問題常常以「我們為何要這樣做？」或「你有沒有想過……？」開頭，然後話題便從此延伸下去。哲學已經融入日常生活的各種層面，總是能讓生活變得更美好。

日常哲學使我們反思自己的想法，或者讓我們深思自己日復一日所做的一切平凡事物。

亞里斯多德談友誼

為何我們會選擇告訴某個人一件事，但是對另一個人討論另外一件事？我們如何決定與某人成為「最好的朋友」，就算有一天醒來，可能發現對方已經遠走高飛了？

哲學理念出眾的亞里斯多德可能可以告訴各位答案。

亞里斯多德的名著《尼各馬科倫理學》（*Nicomachean Ethics*）闡述了友誼。這位哲人認為，要有完美的生活（或稱**幸福**〔eudaimonia〕），必不可缺少好朋友。他在書中將友誼分為三類：有用的、愉快的和美好的。人應該先尋找最後一種友誼並善加珍惜。

有用的朋友對你有用處。他們可能是你每天共進午餐的同事，或者是週末見到的隊友。當用處消失之後（好比你換了工作，或者不再參與這項運動），你們之間的情誼便會散去。

愉快的朋友相處起來很有趣。他們機智幽默，笑口常開。他們會分享爆紅的網路影片或文字來取悅你。他們會尖叫著跳舞，直到夜店打烊，然後就待在旁邊，在凌晨三點跟你一起吃漢堡。然而，也許年歲漸長或習慣改變，這些朋友最終會離你愈來愈遠，只在你心中留下愉快的回憶，讓你永久懷念。

美好的朋友會希望你快樂，看到你神采奕奕。他們會告訴你：「那個傢伙不適合你。」或者，他們會說：「你鐵定能夠升遷。」他們從不會洩漏你的祕密，也會看到你暗自哭泣。他們不會讓你失望，總是信任你。

亞里斯多德認為，我們應該尋找、爭取和維繫美好的朋友。

有些人當然會涵蓋全部或部分的朋友特質。亞里斯多德說過，我們不必拋棄前面兩種朋友；他只是說，我們應該看到這類朋友的真相。

要對最真誠的**美好**朋友一直維繫友誼，因為他們會讓我們成為最好的人。

西蒙・波娃談為人母親

為人母親簡直不可思議，足以改變人生。許多婦女生了小孩，便有了新的身分和成就感，感覺生命充滿了意義。女人成為母親之後，會拆解舊生活，徹底重塑自己的生命，全心全意只關注另一個人的生活。這個人便是她的孩子。

西蒙・波娃認為，這些因素會讓母性變得危險，因此需要謹慎看待，否則很可能會讓母親和孩子都受傷。

西蒙・波娃曾高舉法國存在主義的火炬。她在一九四九年的著作《第二性》清晰說明人類（尤其女性）必須如何「超越」社會試圖投射在人身上的身分、標籤和迷思。女性從出生的那一刻起，便開始接受這些投射。西蒙・波娃的書旨在消除這些「迷思」，因為它們主導了社會觀點，甚至以錯誤的方式定義「女人」。這種迷思林林總總，而西蒙・波娃認為，其中之一便是「母親」的迷思。

女性被視為「天生的照顧者」，其本質就是為了繁衍後代。社會期望母親實現某種無私的純愛理想，猶如聖母瑪利亞，要寵愛兒子耶穌。西蒙・波娃寫道：「然而，母性本能就是迷思。」女性是選擇自己是否要成為母親。

對她來說，選擇成為母親的女性會重新定義自己與孩子的關係。她能這樣，乃是因為這讓她感覺照顧孩子時，自己有能力和自由。這兩種感覺首先是被她的父母，然後是她的丈夫，最後是廣大社會從她身上剝奪。她的整個身分被稱為「母親」，她礙於「天生為人母」的迷思而犧牲了自己的夢想和自由。

女性身為人母，可能會有不得體的舉止。她有可能將孩子當作自己的代理人，使其「成為她原本可能的樣子」，於是變相操控孩子，讓孩子完成她的夢想。她也可能會感覺生活頻頻受限，因此怨恨孩子，便殘忍對待小孩或將怒氣發洩到小孩身上。她會胡亂制定管教孩子的規則，只是為了重申自己被剝奪的能力和自由。

更重要的是，女人無法永遠當母親。孩子最終都會獨立和要求自由，但母親會扼殺他們的要求，不想讓這種情況發生。這就是為何孩子「不應該限制母親的眼界」。

身為人母非常複雜。西蒙．波娃發現，成為母親以後隨之而來的感覺非常令人困惑。我們如今對產後憂鬱症和含糊不清的母性問題有了更深入的了解。無論我們是否同意西蒙．波娃的觀點，但毫無疑問的是，我們都必須警惕任何「迷思」，因為我們若陷於這類「迷思」，便會以特定的方式去行事或感受。

盧梭談童年

孩子的問題在於他們還不夠成熟。他們總是在該安靜的時候發出聲音，該睡覺時卻從不想睡覺，而且他們還會問一些愚蠢的問題。此外，他們應該好好讀書，但為何會在外面惹是生非？以上正是尚—雅克．盧梭（Jean-Jacques Rousseau）在他一七六二年的作品《愛彌兒》所抱持的看法。

盧梭堅信，人本性善良、溫柔和高尚。社會腐蝕了人心，充斥本位主義和自戀，於是改變了人的本性。然而，孩子（尚未）墮落。孩童是最純粹和最優秀的人。社會以及給孩子提供的教育應該保護和發展這一點。

童年不應被單純視為邁向成年的低階和必要階段，反而應該受到重視和欣賞。我們為何要拿無關緊要的瑣事去塞滿孩子的大腦，而且堅持要讓他們保持沉默和守規矩？然而，**成年人**就是這樣做。

盧梭反而認為，孩童要等到十二歲之後才可以去讀書（《魯賓遜漂流記》〔*Robinson Crusoe*〕是唯一的例外）。孩子應該要玩耍、探索和四處狂奔，但也應該體驗失敗，學會掙扎之後重新振作起來。他們應該知道人際關係比自我更加重要，世界最好是互相交流的論壇，而非彼此競爭的競技場。

最重要的是，兒童應該按照自己的方式和時間去長大成人。我們應該認為遊玩能帶來好的結果。為何我們如此急於將自由奔跑、愛好遊玩且無限好奇的孩子變成舉止合宜、悶悶不樂、不苟言笑的成年人。幾十年後，孩子不是就會長大成人，變為這種模樣？

如果我們不希望孩子顯得幼稚愚蠢，盧梭會問：這有什麼問題？快樂何時成了要避免或擺脫的東西？為何要讓笑聲靜下來，為何要壓制好奇心，還有為何要關閉敞開的心胸？

盧梭認為，孩子若受到關愛和任其自由奔放，長大之後便會有安全感，生活也能過得愉快。他很早便積極提倡母親以母乳餵養小孩（不是請護士或奶媽餵養。盧梭當年著書立論時，這是常見的現象），以及呼籲要建立牢固的親子關係，以便讓孩子更能健全發展人格。他相信愛會產生愛，而孩子早期的人際關係將決定他們日後的品性。

盧梭重塑了我們所知的「童年」，這樣說毫不誇張。他認為，童年就是一個舞台，要讓人在童年時去快樂生活和享受生命。早在佛洛伊德和精神分析之前，盧梭便將童年視為人要成熟發展的必要階段。話雖如此，事到如今，情況大幅改變了嗎？你是否曾對一群傻笑的孩子翻白眼？還是看到他們亢奮躁動，就會發出「嘖嘖」聲，不表贊同？三百年之後，我們是否還會認為兒童是還沒長大的成年人？

傅柯談紀律

安妮在老闆面前坐下。她感到害怕，所以有點顫抖。

老闆說道：「我看了妳本季的表現，妳得好好處理跟客戶的關係。」安妮鬆了口氣，點點頭……還好沒事！她吃午餐時，買了《一開口就讓客戶愛死你》。她打算整個週末來讀這本書，以便下次業績評估能順利過關。

根據法國哲學家米歇爾・傅柯（Michel Foucault）的說法，這便是現代權力互動如何形成的方式。

傅柯的著作《監視與懲罰》（*Discipline and Punish*，一九七五年出版）從關注監獄系統開始，但很快便擴展範圍，討論更廣泛的社會情況。傅柯認為，如今要掌握社會權力，不用棍棒、槍支或身形魁武的保鏢；採用的方式比這更為狡猾。要維護權力，便是採用下面三種方式：分層觀察（hierarchical observation）、正規化判斷（normalising judgement）和檢查（examinations）。

分層觀察的原理是，觀察人之後，便足以控制他們的行為。傅柯採用「全景敞視建築」（panopticon，源自邊沁）的概念，它是監獄中可觀察各處的瞭望塔，裡頭可能有人看守，也可能空無一人。由於人感到害怕或懷疑被權威者（透過閉路電視）監視，便會去節制自身的行為。

正規化判斷是掌權者如何被賦予權力去定義可接受的「正常」範圍。然後，人人都充當法官，恣意去評判舉止不符合這種狹隘模式的傢伙。掌權者會規定禮儀、服裝要求、語言用法和可接受的想法、抱負和話題，以此維護這種「正常」狀態。我們會給不守規定的人貼上「異常」、「古怪」或「瘋狂」的標籤。

檢查是巧妙結合前兩者，亦即傅柯所謂「權力／知識」的例子。這是展現權力（「你必須參加這個能力傾向測驗」）和確立真理（「恐怕這是**唯一**能接受的答案」）。**檢查**展現權力的方法如下：迫使應試者去積極學習來改變自己，並且還重申當權者認為是「真理」的既定答案。如果你服從權力，就能高分「過關」。如果你抗拒，就會被打上一個巨大的紅字而「不及格」。

因此，當你下一次要接受評估或考試時，請試著去臣服於掌權的人。你被迫以某種方式思考和行動，以適應別人定義的模式。如果這不是展現權力，那又是什麼？

斯多噶主義論遠眺

我們之所以擔憂，完全是杞人憂天。人一旦想不開、感到恐慌、固執己見或將事情一律視為災難時，這種憂慮便會蔓延，然後掩蓋一切。其他的感覺和想法都被排擠在外，此時的你只會感到痛苦。即使內心有一丁點帶來希望或讓人樂觀理性聲音都會慘遭淹沒。

西元二世紀的羅馬皇帝馬可・奧理略（Marcus Aurelius）是最偉大的斯多噶派哲學家（Stoic philosopher）。他曾深入思考這點，提供了一種實用的解決之道：俯視（take the view from above，從上方眺望）。

這個構想是想像你漂浮在自己的上方。與其沉迷於思緒，不如從頭腦中跳脫，從上俯視。幻想你按下了電腦遊戲的「第三人稱視角」按鈕，或者你正在透過閉路電視去觀看自己。你可以進一步縮小畫面。想像你正從Google地圖觀看自己。你看到地球上的自己。繼續縮小畫面，讓自己成為宇宙中的一粒塵埃。奧理略指出：「從整體物質考慮，你擁有的份額最少；從整體時間來看，你只被分配到一個短暫跨度。」

在此停留片刻。瞇起眼睛，看看正在發生的事情。眾多帝國征伐擴張，最終只是徒勞無功，一切猶如過往雲煙，不妨嘲笑一下。你站在這個高度，就像神一樣！然後，回到你自身的觀點。只要你這樣做，「便可擺脫干擾你的無用之事」。你能夠透過嶄新的視角，重新看到「生命如煙，眨眼即逝」。在整個宇宙和亙古永恆之中，煩惱無論有多大，都顯得微不足道。正如斯賓諾莎日後所言，「在永恆的相下」（sub specie aeternitatis，英語為 perspective from eternity），一切事物與浩瀚無垠、亙古永存的宇宙相比，全都無足輕重。一百七十億年之後，地球將一片死寂，成為虛懸於宇宙的石塊，相較之下，無論羅馬帝國、愛因斯坦或你老闆寄來罵你的電子郵件，真的都無關緊要。

如今的心理學家將此稱之為「疏離」（distancing），就是我們被事物淹沒時，可以透過超然的視角去看待自己的想法和感受。我們可以像看待電影的某個角色或書中的某個人物去看待和論斷自己。如此一來，我們便可按照自身的意願去引導我們的思想以及做出反應和行動。我們便可有喘息的空間去做出明智合理的決定。

如果你被自己的想法困住，不妨試試斯多噶派的觀點，或者採納「永恆之相」的觀點。希望這樣能讓你擔憂之事顯得微不足道，無關緊要。你會態度超然，得以完全掌控自己來面對生活。

佛洛伊德談死亡本能

你是否曾有一股衝動，想要砸壞東西？你一時克制不了自己，但你會說「這不是你自己」？也許你想捶東西、大聲尖叫、踢倒或撕爛東西？還是你花了太多時間去幻想世界末日？

西格蒙德·佛洛伊德也觀察到了這一點。他後來寫作時對此反思，將這種力量稱為「塔納托斯」（以希臘神話的死神「塔納托斯」〔Thanatos〕來命名），亦即死亡本能（death drive）[103]。第一次世界大戰之後，佛洛伊德想知道為何人類可以如此破壞一切，不僅他那個年代如此，綜觀整個歷史，人類也曾彼此殺伐，爭權奪利。

他認為，從根本而言，所有生命都渴望看到事物腐爛、崩潰和消亡。宇宙有一個趨向熵（entropy）的基本趨勢。複雜結構（最複雜的就是生命）「想要」回到更簡單的形式，說穿了，就是要分解。

佛洛伊德根據這項發現，認為人類想要摧毀自己和整個世界。人會痴迷、焦慮、抑鬱和罹患各種神經症，無不體現這種基本的死亡本能，這種驅動力是向內的，想要去破壞一切。我們發自內心，渴望去破壞和傷害自我。

宇宙藉由衰變來渴求簡單，但生命都會反其道而行。我們渴望活著（佛洛伊德稱之為「生之本能」〔Eros〕），此乃系統中的異常現象。為何人有如此強烈的生存欲望？佛洛伊德在著作中明確發現，很難解釋這種不依靠信仰而求生存的決心。他確實試著去解釋，但還是不清楚，有點令人費解。

然後，每個人都被往兩個方向拉扯。一是對快樂和生命的渴望（生之本能），二是朝向更簡單的無機狀態的死亡衝動（死亡本能）。

佛洛伊德指出，在某種程度上，這兩種驅動力都與釋放緊張有關。對於生之本能，我們用快樂來發洩和驅散它，但對於死亡本能，我們只是選擇退出。我們渴望完全沒有緊張的狀態。人只要死了，就不會感到痛苦

這兩種驅動力都很強，其中一個主導時，另一個便會隱藏。生之本能尋求性愛、歡笑和陪伴。死亡本能尋求風險、自殘，甚至是死亡。我們有時會在一天之內像鐘擺一樣，在這兩者之間來回擺動。

為何假設有世界末日會如此有趣呢？因為這種做法安全又快樂，既能邊吃邊喝，又能放縱死亡本能。

103 人天生會攻擊他人和自我毀滅的本能，又譯「死亡驅力」或「死亡衝動」。

法蘭克談為苦難賦予意義

誰都免不了遭受苦難。幸運的話，可能只是心碎、喪親之痛或罹患尚能治癒的疾病。然而，有時人會精神崩潰、罹患疾病而孱弱不已，或者經歷難以想像的痛苦。然而，正如杜斯妥也夫斯基所寫：「人可以適應任何情況。」我們是韌性十足、堅忍不拔的物種，具有極為強大的忍受能力。

奧地利神經學家兼心理學家維克多・法蘭克（Viktor Frankl）是奧斯威辛集中營的倖存者。他在巨著《活出意義來》論述這一點，反思人如何才能忍受苦難。

法蘭克認為，如果我們賦予苦難意義，人便可承受任何痛苦。人若是找不到活下去的理由，便只能忍受到那時。正如尼采寫道：「知道為何要活著的人，幾乎能忍受任何事情。」

因此，我們必須找出苦難的意義。我們應該替自己找出忍受苦難的理由。法蘭克寫道，每個人都「被生活質疑」，任誰都必須「以特殊方式去單獨」做出回應。沒有統一或明確的途徑可幫助我們，每個人都得知道生活的苦難有何意義。我們可以引導或幫助別人去找到這種意義，但我們永遠無法**告訴**他們所需要了解的意義。一切都得靠他們自己。

法蘭克舉了一個例子。假設有個男人結了婚很久，但妻子卻死了，因此悲痛萬分。某天有人告訴他要想一想這個問題：「如果是你老婆成了寡婦，她該怎麼辦？」突然之間，他的悲傷有了意義。他是代替妻子忍受悲傷，現在他感到很自豪。他依舊**無法消除**痛苦，仍然每天都感到強烈的孤獨，但他現在卻能夠承受。

我們早就習慣將苦難視為應該盡快消除的東西。然而，這並非從其中找到意義。苦難如同錘鍊靈魂的鐵鎚，鑄造了我們，我們最終應該感到驕傲無比。正如法蘭克所寫：「如今的人幾乎不會因為自己遭受苦難而自豪，而且認為這讓他顯得很高尚。」值得注意的是，我們最大的榜樣是忍受苦難和克服困境的人，而不是那些幸福快樂的人。人因為具有韌性而變得偉大。

人很容易認為，遭遇了苦難，便無法成長茁壯。然而，法蘭克指出：「人沒有遭受苦難和面對死亡，人生便不可能完整。」人有各自的經歷，要自己去承擔。我們掙扎過了，便能鑄造性格，而我們從中找到的生命意義，誰都無法奪去。我們雖然忍受著苦難，卻可以，而且應該為此感到自豪。

伊比鳩魯談快樂

最好的哲學有時是最簡單的。與其撰寫晦澀難懂的大部頭典籍去探討複雜的三段論（syllogism）[104]或洋洋灑灑、長篇大論，不如一言便解釋清楚生命的意義，亦即：享受事物，不受傷害。伊比鳩魯（Epicurus）便是如此認為。

伊比鳩魯主義與其類似的思想斯多噶主義（Stoicism）和犬儒主義（Cynicism）一樣，經常遭人誤解。伊比鳩魯主義者被塑造成好吃懶做的酒鬼，他們花天酒地，不顧健康，乃是虛榮膚淺的小丑，或者地痞無賴、放蕩撒野的人……然而，事實通常並非如此。

伊比鳩魯受到亞里斯多德「eudaimonia」（意為幸福和滿足）思想的影響，也採納希臘哲學同夥愛比克泰德（Epictetus）的斯多噶內觀／正念。他認為，快樂是生活的最高境界。人所思所想，都應該去追求快樂，避免痛苦。

伊比鳩魯認為，唯有抑制輕浮的欲望和社會崇尚的膚淺物質主義，才能達到這種最高的境界。沒錯，購買iPhone或吃大麥克漢堡的確能讓人滿足，但這種快樂與更高尚的友誼和愛情相比，根本非常膚淺。

因此，伊比鳩魯派人士會大力提倡美德、正義和善良。利他主義（altruism）對誰都有好處，所以真正的伊比鳩魯主義者會關心別人，因為「善有善報，惡有惡報」。能夠活在善良且充滿關愛的世界，就能感到最為愉快。這幾乎就像利己業力（egoistic karma）。

伊比鳩魯派克制和正派的價值觀迥異於我們如今對他們的看法。他們生活在「快樂園」（pleasure garden），盡力減少痛苦和追求快樂。這些絕非毒品氾濫的陰暗老巢，人人盡情狂歡（伊比鳩魯主義者確實認為，性是很自然的），而是讓人沉思和發揮同情心的地方。他們不參與政治（有什麼政治辯論不會帶來痛苦？），最早的無神論者就出自於這種哲學思想；伊比鳩魯派認為上帝和死亡是讓人恐懼和痛苦的兩大因素，因此不相信來世。伊比鳩魯寫道：「吾曾不存在，爾後吾存在，如今吾已亡，而吾不在乎[105]。」在遵奉人道主義的葬禮中，經常聽到這句話。

伊比鳩魯派很可能因為宣揚無神論，才會在中世紀慘遭世人誹謗。基督教會打壓過斯多噶派和犬儒主義者，但教會對這兩派下手的力道，遠不如他們對付伊比鳩魯派的狠勁。伊比鳩魯派的論述十分簡單深刻：盡你所能享受人生。誰都難逃一死，但眼下不必杞人憂天。

104 一種演繹推理，譬如：動物都會死，而人是動物，所以人都會死。若此論述有效，前兩個命題便涵蓋最後的命題，亦即結論。

105 拉丁原文：Non fui, fui, non sum, non curo，英語譯成：I was not; I was; I am not; I do not care。

胡塞爾談凝視樹木

找一個在你面前的物體，用各種方式去描述它。你慢慢來，把東西拿起來，感受它的重量。不妨聞一聞，拿它去摩擦你的臉頰。看看它的顏色和表面圖案。如果你不介意的話，可以去舔一舔它。把你的對這個東西的整個體驗寫下來，然後沉浸在其中。

這便是德國哲學家埃德蒙德．胡塞爾（Edmund Husserl）的「現象學」（phenomenology）。康德讓「現象」（phenomena）[106]這個詞廣為人知，德國哲學家布倫塔諾（Brentano）承繼其香火，持續推廣這種概念。然而，在上個世紀之交著書立論的胡塞爾卻被視為現象學之父。就本質而言，現象學並非思想系統，而是體驗世界的方式，探討人如何仔細觀察**日常所見**的事物。

胡塞爾使用了古希臘詞**懸置**（epoché）[107]來表示我們不該去問「何謂真實？」之類的問題，而應將注意力集中於經歷的事情。我們平日已經這樣做了。例如，我們聽音樂時會沉浸於其中，享受當下的感覺，不會去思考聲波是什麼。任何時刻和我們所有的經歷，都應該以這種方式來欣賞。度假時品嘗的第一口紅酒跟偏頭痛同樣真實。

胡塞爾寫道：「意識皆是對某物的意識。」頭腦（心智）如同望遠鏡，聚焦於自身之外的事物。它像一雙眼睛，向外張望，看不見自己。如果出現奇蹟，你能夠佔據別人的頭腦，你立即就會被扔回這個世界，被丟到樹上、跌落某人手上或落在電視機上。頭腦會一直指向外面，無法擺脫這種慣性，總是需要有關注的對象。

現象學可能可以用來治療病患。德國哲學家卡爾．雅斯貝爾斯（Karl Jaspers）是主要的現象學家。他曾說道：「現象學喚醒了我，把我帶回自己身邊，同時改變了我。」現象學類似於某些斯多噶派的聚焦療法，也很像現代和流行的「正念」療法。

因此，請各位忘掉複雜的哲思體系和各種形式的「主義」，因為它們只會主觀劃分頭腦或心智。不妨去著眼於事物的**表象**。效仿沙特作品《嘔吐》中的主角，找一張公園的長椅，坐下之後去盯著一棵樹。如果可以的話，不妨盯上數小時。擁抱**懸置**，忘記那些無法回答的「真相」或「現實」問題，沉浸於當下，盡情體驗一切。

---

106 泛指能被觀察或觀測到的事實。康德認為「現象」與「本體」（noumenon，本質）在純粹理性批判中是對立的。人類所處的世界以現象組成，有別於人所經驗的世界，亦即物自身（das Ding an sich）。

107 又譯「懸擱」或「存而不論」。

斯多噶主義談選擇我們如何反應

斯多噶主義如同其希臘哲思的難兄難弟伊比鳩魯主義和犬儒主義一樣遭人污衊，現代人根本曲解了「stoic」（斯多噶派的）[108]的原意。我們如今聽到一個人是「stoic」，會以為他像克林・伊斯威特（Clint Eastwood），雖是肉做的，卻像個陶土俑人，為人冷漠無情。然而，斯多噶主義的起源說起來要複雜一些。

斯多噶主義的基本思想是：世間沒有任何東西（或者所謂的「客觀現實」〔objective reality〕）本身是好是壞、有價值或無價值。作為主體（subject）的我們讓這些現實變得好或壞；我們將價值投射到它們身上。

莎翁筆下的哈姆雷特說道：「世事本無善惡之分，思想使然。」例如，所謂電影，就是一組聲音和影像被投射到暗房裡的大銀幕上。你身為主體，看完電影之後走向車子，卻會不停抱怨：「媽的，根本是爛片！」或者，如果有個西裝革履的人叫你換辦公室，還讓你做更多的工作，這是個事實；是你把它轉化為感覺和反應，然後告訴伴侶：「親愛的，告訴妳一個好消息。我升遷了！」

世界本身沒有具備價值，作為主體的我們卻會以兩種方式去控制事物：一是透過我們的行為，二是藉由我們腦海中對事物的反應。至於其他一切，包括其他人的判斷和行為，我們都需要接受，因為這些超出我們所能掌控的範圍。

斯多噶派認為，人只要意識到這點，便知道某些事情無法改變，如此便不會痛苦，反而可以專注於可以改變的事情。所謂斯多噶主義，便是要人承認自己能力有限，只去掌握其他能控制的事情。

你的朋友很粗魯，你無法改變他，但你可以改變自己的想法和調整反應。說「他讓我生氣」和說「我讓他讓我生氣」是截然不同的。第二種說法是為了控制你的反應。

正如維克多・法蘭克（他是奧斯威辛集中營的倖存者，第二三二頁〈法蘭克談為苦難賦予意義〉提過他）所言：「一旦不再能夠改變局勢，就必須去改變自己。」斯多噶主義影響了不少存在主義，也是佛教的核心教義，更能在叔本華（Schopenhauer）的論述中找到類似說法。

時至今日，斯多噶主義深切影響了心理治療，尤其是認知行為治療（cognitive behavioural therapy，簡稱CBT），這種療法能夠有效控制消極的思維模式和行為。認知行為治療要求人去思考觸發（trigger）—判斷（judgement）—思考（thought）—行動（action）的循環過程。如此一來，我們便能專注和管理自己可以影響的領域，尤其是最後兩個領域。這是斯多噶主義出現二千多年之後的實際運用方法。

108 引申為對痛苦或苦難默默承受或泰然處之。

梭羅談散步

做什麼能讓你恢復精力？什麼能讓你不再那麼擔憂、痴迷、焦慮和恐懼？真希望人人都這種行之有效的法寶。說到這點，最能讓歷代哲學家放鬆的事情，莫過於悠閒散步了。何謂悠閒散步？亦即步伐穩定，緩緩前行。

不少哲學家都盛讚徐緩步行有益思維，然最熱衷此道者，莫過於美國作家和早期環保主義者亨利・梭羅（Henry Thoreau）。梭羅在他一八五一年的文章〈散步〉（Walking）中區分了散步和「漫遊」（saunter）[109]。

散步有好處、很實用且平淡無奇。我們會走路**去辦事**，比如去商店購物、鍛鍊身體或探望奶奶。然而，漫遊者是刻意漫無邊際信步而走。除了步行，沒有其他目的。

對於梭羅來說，漫遊的人遠離家庭，拋開憂慮苦惱。他們「四處流浪」、「無所事事」，以「四海為家」。綠樹成蔭的小道、圓潤的丘陵和蜿蜒的山谷是他們的棲身之處，寧靜祥和，無憂無慮。

漫遊者置身於行走的當下，猶如「蜿蜒的河流」，四處逍遙信步。梭羅認為，只要我們掛念家裡、心繫案牘或執迷爭論，即使置身鄉野，也毫無意義。悠閒漫步的精髓在於，要將一切凡塵俗事拋諸腦後。

哲人皆愛散步。盧梭認為自己若沒出去散步，根本無法敏銳思考。齊克果認為，散步時最好每小時走三英里，如此方能頓悟，掌握機妙。

尼采則說：「唯有散步之際悟得的想法才有價值。」亞里斯多德及其門下弟子無不熱衷於散步（邊走邊沉思），故而號稱「逍遙學派」（the peripatetics，又譯漫步學派）。

悠閒散步甚有好處。信步而走之際，彷彿放空生命，融入藍天綠地，感受神清氣爽、觸動靈性的化神境界。英國作家羅伯特・麥克法蘭（Robert Macfarlane）出版過一本優秀作品《故道：以足為度的旅程》（*The Old Ways*）。他在書中講述在各種文化中，歷代哲人如何一邊散步，一邊啟發思想。漫遊者以足為度來思考，於腦海中遺留腳印、組織思緒。

因此，倘若你遇到瓶頸，思想受到束縛，不妨去信步閒逛，但不是要去某處或做某件事。你要（在思想上）踏上前人未至之境。你要短暫成為無家可歸，唯一要關注的，只有當下和遺留的足跡。

109　法語，意指逍遙信步或悠遊。梭羅認為saunter是從「聖地」的法文Saint Terre演變而來。「漫步者」（saunterer）便是「聖地者」（Sainte-Terrer），每一趟悠遊如同朝聖，乃是喚醒靈性之旅。

孫子談贏得棋局

你快辦到了。你歷經數月苦練，終於西洋棋能下贏你父親了。他的棋子四散。你多了一個騎士。他的國王沒人保護。你只要再多走幾步，就能贏了。

你父親說：「將軍。」你一臉驚恐，低頭看著先前沒留意的兵，心裡一沉，知道老爸還有三步就能將死你。他棋藝高超，把你騙得團團轉。真是狡猾的老狐狸。

可能你老爸喜愛讀孫子的書。《孫子兵法》成書於二千五百多年前，如今被奉為兵家經典，窮究謀略和運籌帷幄之術。戰國時期，肇因紛亂，中國陷入將近三個世紀的兵燹戰火，期間孫子抵達吳國，爾後拜入吳王麾下，擔任督軍統帥。在這段戰亂時期，百姓顛沛流離，民不聊生，但武器技術有所進展，軍事工程大幅飛躍，更出現孫子之類的偉大戰略家。

《孫子兵法》博大精深，列舉諸多戰法，若善加運用，便能克敵致勝。我們可師法孫子，向其學習生活與工作哲學。此外，研讀此書之後，更能贏得棋局，擊敗難纏對手。

《孫子兵法》指出，沒有既定或通用的策略可適用於每種情況，必須因地制宜，調整策略[110]。若想取勝，必須考量每一項因素，從天氣條件、地形狀況和部隊士氣，小至鳥類飛行路徑之類的細節都不能放過。切勿假設今日如同昨天，或者眼前問題與前次雷同。務必從頭審視一切。

其次要善用詭計。千萬不要洩露計畫，要誤導敵人。孫子寫道：「難知如陰，動如雷震。」[111]假使你很強大，就裝得弱小。如果你在附近，假裝位於遠處。如果你在玩大富翁，把錢藏起來。始終要讓對手摸不著頭緒。

第三點，不要開戰。戰爭如同生活，訴諸武力和暴力是最後的手段，而且最無效。孫子寫道：「善戰者，不戰而屈人之兵。」[112]倘若有任何方法可以說服或智取敵人，或者可以消弭戰爭於無形，便一定要去做。一旦戰爭爆發，各方都會蒙受其害，而且風險更大。

歷世歷代，《孫子兵法》廣為引用，時至今日，軍事院校仍然在教授孫子的思想。孫子偏愛規模較小或處於劣勢的軍隊，因此全球各地的游擊隊和革命者無不追捧他的著作。在一九六〇年代，毛澤東不時引用孫子的話語。我們也可以從孫子的作品中提取智慧，將其應用到日常生活。我個人最喜歡的段落是：「其疾如風，其徐如林，侵掠如火，不動如山。」

下次你和侄女玩拼字遊戲競賽時，務必牢記孫子的教導。

---

110 《孫子兵法．虛實篇》：「兵無常勢，水無常形，避實擊虛，因敵制勝。」

111 語出《孫子兵法．軍爭篇》：「故兵以詐立，以利動，以分和為變者也。故其疾如風，其徐如林，侵掠如火，不動如山，難知如陰，動如雷震。」

112 語出《孫子兵法．謀攻篇》。

哈維談失眠

我們偶爾只會在某個東西破裂時才會去注意它。譬如我們得了重感冒，頓時會覺得自己彷彿從未輕鬆呼吸過。手機沒電了，我們會突然發現自己有多麼需要它。假使我們窮困、飢餓或口渴，食物、金錢或飲用水的價值就會突然飆升。我們的整體思維和日常心理運作都將生活的一切視為理所當然。但是睡眠呢？萬一睡眠「中斷」，會發生什麼事？失眠會如何影響我們？

薩曼莎．哈維（Samantha Harvey）寫過《我睡不著的那一年》。這本書非常出色，內容不拘一格，探討各類哲思冥想，包括失眠之類的話題。

哈維以往都睡得很好，但有一天，她開始失眠了。她歷經一個接一個的不眠之夜以後，思維逐漸變異成新東西。睡得好的人絕對沒有這種體驗。現實扭曲，時間怪異，沒有任何正常的敘事邏輯。思維的自然流動化為猛烈擾動的迷霧。失眠的人清醒時，彷彿還身處於夢境，真是詭異。

對於沒有嚴重失眠的人來說，夜晚具有一種黑暗力量，即便是小事，也會變成恐怖的大事。他們上床就寢時，所有惡想雜念、幻想痴迷或焦慮抑鬱便會逐漸棲身接近。到了夜晚，一個念頭便可吞噬整個思維。它會排斥一切，造成令人心悸的「內部破壞行為」。然而，到了白天，同樣的想法卻是十分可笑。他們會不以為然，不知道它為何晚上會擁有如此強大的力量。夜晚的焦慮會找到可以依附的對象。正如哈維所說：「頭腦因一種無形的不安而膨脹。」

請各位想像一下，失眠者正等待著無情難逃的「無盡夜晚」。哲學非常關注何謂心智或思想，但很少意識到心智到底能夠如何困住或埋葬一個人。我們都無法從心智逃脫。我們受困於它幽閉的「雜亂訊息，喋喋不休」，著實令人驚恐。對多數人來說，睡眠是理所當然的逃避現實或精神假期。然而，人若是無法入睡，夜晚將是「最為漫長，闃寂深黑，廣闊無垠，難以逃脫」。

哈維認為，失眠就像在自己的腦海中溺水，窒息感讓人無所遁逃，會耗盡所有的希望和快樂。她寫道：「世界變得非常不安全，你不再想要自己的生命，不想這樣活著……（你）必須忍受無法忍受的生活。」睡眠是人的基本和自然的習慣，乃是基本的生物需求，一旦你被剝奪睡眠，就是與自己的生活疏遠了。所有的一切都離你而去。

人的心智崇高強大且令人敬畏，但它也是冷酷無情的。我們偶爾需要跳脫一下，凡事皆是如此，美好的事物都不例外。看電影很有趣，但被鎖在電影院就很糟糕了。我們需要換個口味。能入睡是有福的，身心可沉浸於虛無之間，但對於哈維這類失眠的人，心智卻從我們最大的資產，頓時成了最會折磨人的東西。

9 知識和心智

我們把所有的時間都投注於自己的腦海。無論工作或放假，各種想法總會在你的腦海嗡嗡作響。我們在想什麼？腦海裡上演著什麼事？它是如何運作的？心智就是在你腦海裡讀這段文字的那個聲音，它還是你忽略的背景噪音，它會回想去年的耶誕節，它是你所相信的事物。

心智就是你的思想，喋喋不休，你無從逃脫。本章將討論心智內有什麼以及它的運作方式。

笛卡兒談「橘色的飛行精靈」

讓我們玩一個小小的心靈魔術。

想像一個小精靈……讓它變成橘色，頭的顏色不要變，還是綠色的……給它加上一對大翅膀，如同羽毛般輕盈……最後，讓這個小精靈攜帶一把劍。

這個精靈存在嗎？它顯然就在那兒，全副武裝，膚色亮橘，虛懸在你腦海的某個地方。然而，它到底存在於**哪裡**？「腦海」指的是什麼？

法蘭西哲學家勒內・笛卡兒（René Descartes）在四百年前便在思考這些問題（不過他沒有想像精靈）。

笛卡兒認為，人是由兩種物質所構成：心智和身體，或者精神和實體。我們的夢想、我們的思想、我們的意識流（stream of consciousness）和我們想像的精靈都與我們的身體分開存在。最重要的是，這些都與我們實際的大腦分開存在。

笛卡兒運用如今稱為「萊布尼茲定律」（Leibniz's law）的某個版本來論證：兩個相同的事物必須共享所有屬性。換句話說，它們不能有任何的不同。這很明顯，不是嗎？然後，笛卡兒提出各種討論心智和身體如何不同的論點，他稱之為**心物二元論**（mind-body dualism）。例如：

(1)心智是不容懷疑的，我們從生活經驗中一直體會到它。人會不斷思考，知道自己有心智。

然而，身體可能只是惡魔的騙局。我們看到或觸摸到的一切可能只是「母體」（the Matrix，符碼矩陣），乃是一種幻覺或電腦模擬的事物。

(2)心智無法分開。心智沒有房間、部分或區塊。然而，身體卻可以被切成許多部分（各位可在家裡嘗試，但本人不建議你這樣做）。

笛卡兒的第一個論點可能是最有說服力的，因為它牽涉到「感質」（qualia）現象（請參閱第二五〇頁〈洛克談「在你自己的腦海裡」〉），亦即我們的主觀體驗。我們的想法和經歷屬於我們自己，誰都無法從我們身上奪走，即使整個世界都是幻覺，或者我們正踏上一次宏偉的幻覺之旅。這也是笛卡兒著名的哲學論述「**我思故我在**」的重申，第二六六頁〈笛卡兒談我思故我在〉會加以解釋。

當然，二元論並非沒有問題。儘管如此，我們根據直覺，還是會被笛卡兒的論點所吸引。我想像的精靈是否和我的手**大不相同**？思想與世上的事物不一樣。然而，我們若不想說思想「存在」，還能想出什麼詞呢？

洛克談「在你自己的腦海裡」

這可能是第一個讓我感覺哲學非常鮮活的思想實驗。你不妨與朋友或家人一起試做看看，我保證至少有一人會跟我有同樣的想法。我敢打包票你也曾這麼想過。

這是「感質顛倒」（inverted qualia，主觀體驗）的問題。美國哲學家丹尼爾．丹尼特（Daniel Dennett）說過：「它是哲學中最惡毒的迷因[113]之一。」不少哲學家已經研究過類似的變體，但英國哲學家約翰．洛克（John Locke）在十七世紀提出了可能流傳最久的版本。

簡而言之，這個問題是：「你怎麼能確定我看到的顏色和你看到的顏色一樣？」

你看到草莓是紅色的，我可能會認為它是藍色的。然而，由於我們有共同的語言和文化，或者我們生活在共同的社會，因此我們都將這種顏色**稱為**「紅色」。我們可以問朋友：「天空是什麼顏色？」，我們都可能會說「藍色」，但我們無法知道天空在每個人眼中的實際模樣。這個問題通常以視覺例子來表達，但可以擴展到其他的感官。吉爾的柳橙嘗起來的味道像傑克的柳橙嗎？我們只能說「它嘗起來像柳橙」……，然而，這對你意味著什麼？

首先，這是知識的問題，因為這表示我們永遠無法知道別人正在經歷什麼。我們永遠無法相互了解一整類事物（存在我們腦海的事物）。

其次，如果沒有指明「甲對我來說只是紅色的」，我們永遠不能將「真值」（truth value）[114]

附加到「甲是紅色的」這一項聲明（這點會引發了對真理理論的複雜辯論，但無法在此深入探討）。如此一來，我們會陷入一種相對主義（relativism），只能根據自己的思想來決定真理。

簡而言之，「感質顛倒」屬於懷疑論（Scepticism）的問題（請參閱第二五四頁〈皮羅談擱置論斷〉）。我們必須承認自己無法知道一大堆事情，亦即不知道別人的「腦海」發生了什麼。然而，撇開這一切不談，我認為這點雖令人震驚，卻十分迷人。深思這個問題便能略微窺探哲學。初露頭角的哲學家通常會先思考這個問題，爾後逐漸探索更深奧和更棘手的問題。

---

113 透過模仿之後在人際之間傳播的思想、行為或風格，通常傳達了迷因代表的特定現象、主題或意義。這個詞是一九七六年理查．道金斯在《自私的基因》一書中所創造，將文化傳承的過程類比為生物學的演化繁殖規則，有共同的起源，講究優勝劣敗，隨著時間推移而演變。

114 表示某個陳述在何種程度上是真的。在經典邏輯中，唯一可能的真值是真和假。

柏拉圖談看到光

你旅行時通常不會在你看到的地方、買到的東西或遇到的人身上發現旅行的魅力，而是在你回到原點，當你重新看到出發地點的那一刻，你會感受到旅行的神奇。我們出外探險之後，會改變自己看待世界的方式，讓我們重新審視自認為知道的一切。出外旅行之後，我們會以全新視角去觀察世事。

柏拉圖的「洞穴寓言」便是這種終極歷程。這是他最著名（也是最易讀懂）的哲學對話，出自於《理想國》，內容如下：

有一個深邃而潮溼的洞穴，裡面關押著囚犯。囚犯上手銬和腳鍊，只能看著一面巨大的牆壁。他們身後閃爍淡淡的火光。在火炬和囚犯之間有各種物體，紛紛在遠處牆壁投下陰影。囚犯一輩子住在這裡，只知道影子，認為影子就是世界。他們鑽研影子，日復一日仔細分類、研究和檢視。

某天，一名囚犯掙脫了枷鎖。她衝出洞穴，發現自己置身於耀眼的陽光之中。她看見神奇的世界，內心充滿憐憫，於是拖著腳步返回洞穴去拯救朋友。然而，她先前被明亮的陽光刺得眼花繚亂，仍然視線不明，進入昏暗的洞穴之後，看不清楚一切。當她告訴其他囚犯她在外面看到的奇景時，那些夥伴只嘲笑她看不到陰影，說她是個傻瓜，還威脅要殺了她。

這則故事隱喻了哲學家的歷程，通常有兩種解釋。

其一，它涉及知識，旨在展示物質世界，亦即人日常感覺的世界，根本是現實蒼白、陰暗和腐敗的一面。哲學家只要用清晰的理性去反思和審視自身的思想，便能挖掘出真理的光芒。轉向內心，走出洞穴。

其二，它涉及政治，旨在勸誡統治者去成為哲學家，因為唯有哲學家才能看到正義或善良等概念的「真相」。他們是少數受到恩典的人士（柏拉圖確實認為只有少數人能成為哲學家），了解宇宙的現實和運作方式，因此必須引領世間眾人。這群菁英反對政治腐敗和無知的群眾，柏拉圖並不擁護民主，因為雅典追求民主，當地人才會殺了他的老師蘇格拉底。

「洞穴寓言」易讀易懂。若想閱讀哲學原文，不妨從此處切入。我們的想法和看待世界的方式也能與這個寓言相互共鳴，而且西方的基督教和哲學能夠蓬勃發展，都得歸功於柏拉圖。「洞穴寓言」經常被人改編，有意無意地融入流行文化，受人引用和四處宣揚。不妨將這種想法拋諸腦後，盡情去欣賞《駭客任務》、《全面啟動》、《楚門的世界》、《隔離島》或《異次元駭客》！

皮羅談擱置論斷

如果雙方都提出不錯的說法，該怎麼辦？假使問題沒有明顯的答案，又該如何？有人即使不完全確定，依舊會執著於某一個想法、信念或答案。你是這種人嗎？還是你會聳聳肩，說道：「好吧，說實在的，我不知道。」

古希臘哲學家皮羅（Pyrrho）是懷疑論鼻祖，致力於宣揚第二種做法。

生活中很少有問題會有直接或簡單的答案。相互矛盾的雙方經常能夠提出有同等說服力的論點。我們看別人辯論時，無論聽到哪一方說話，都會輕易認同他們的說法。本書概述的哲學，有些相互矛盾，但你在閱讀時可能也同樣深受吸引。

皮羅眼見人們經常陷入這種混亂之境，於是給出了一項簡單的訊息：不要執著於任何事情。如果沒有明顯或已證實的事實，我們應該「擱置論斷」（suspend judgement）。這不是認為沒有答案，而是我們必須根據理智去誠實以對。只要沒有答案或答案尚未出現，就應該說：「我不知道。」

柏拉圖的《普羅達哥拉斯篇》（*Protagoras*）指出，一陣風吹過來，有人會感到溫暖，但另一個人可能會覺得冷。同理，根據皮羅的懷疑論，人不可能知道事物的真實本質。我們只能憑藉感知和經驗去判斷，無法從中得知真理。

根據懷疑論，在沒有真理之處尋找真理，只是徒勞無功，難免痛苦、沮喪和焦慮。懷疑論屬於「幸福主義」（eudemonic）學派，表示它追求充實興旺的生活。對於皮羅來說，人唯有不執著於自己不知道的事情，方能獲得**幸福**（eudemonia）。理想的聖人會在不清楚之處擱置論斷，古希臘語將擱置論斷稱為**懸置**。

據說皮羅從未心煩意亂，忐忑不安。他會問：為何快樂比痛苦好？財富優於貧窮？健康勝於疾病？我們只要擁抱**懸置**，便不會失望，或者因期望落空而痛苦。我們可以不受干擾，過平靜生活，或者讓自己**心神安定**。

我們如今不必像皮羅那樣極端（他的弟子曾被迫去阻止他跳懸崖[115]），但這樣做有好處。犯錯讓人很痛苦，一直尋找答案也很辛苦，不如坦白說出：「我不知道，我會繼續找答案。」如此一來，壓力就小得多，而且更誠實。各位去試一下，看看事情會變得多麼輕鬆。

115 皮羅過於極端，無法完全相信自己的感覺，所以才會去跳崖。

休謨談黑天鵝

我們如何能確定未來會跟過去一樣？我們有何理由認為僅因為「某件事一直如此」，明天就會如此？若從哲學來看，我們能確定太陽明天依舊會升起嗎？萬一今天之前的每個黎明都是令人難以置信的事情，因為我們正處於有史以來最長的連勝紀錄呢？

這便稱為休謨的「歸納問題」（problem of induction）。它仍然是最尷尬和最棘手的哲學難題。這個問題挑戰了任何類型的「歸納推理」（inductive reasoning）。所謂歸納，便是觀察發生的各種事情，然後從中得出結論。如果我經常看到狗在吠，便有十足把握，得出「狗會吠」的結論。假使截至目前為止，太陽每天都升起，我們便「歸納出」太陽明天**必定**會升起。我若是每次品嘗威士忌都覺得不好喝，便可說威士忌不合我的味口。

十八世紀的大衛．休謨提出了疑問，認為光靠過去的觀察，無法（從哲學上）確認未來會發生某件事。過去和未來之間沒有「必然的連結」。我們重複一項實驗時，可以想出許多奇怪的理由去解釋為何事情會發生變化（世界是模擬出來，或者是惡魔的幻覺，甚至只是一場夢）。我們永遠無法知道明天是否還會一如既往。因此，我真的應該繼續品嘗威士忌，因為沒有哲理指出，我喝威士忌會永遠作嘔。

為了說明這個問題，請想像一位只見過白天鵝的人。他像個精通歸納邏輯學的專家，態度傲慢，十分自信，宣稱：「天鵝都是白色的！」然而，他在澳大利亞路經一處湖泊時，忽然瞥見一隻態度猖狂的黑天鵝，臉立馬沉了下來。誰說歸納出了「天鵝都是白色的」結論，這世上的黑天鵝就死絕了？

當然，科學實驗都採用歸納法（請參閱第一九二頁〈培根談科學方法〉），因此休謨提出的可不是小問題。直到前幾年，波普才解決這個問題（請參閱第二〇二頁〈波普談偽科學〉）。話雖如此，某些人認為，即使這樣，還是不夠好。

布里丹談舉棋不定的驢

你為何挑了這塊披薩？旁邊那塊看起來也很好吃，為何你會選了這一塊？當我們不知如何選擇時，是什麼讓我們這樣做？在我們缺乏動機的情況下，是什麼激發了我們去採取行動？

以上便是「布里丹之驢」（Buridan's ass）困境，以十四世紀法國哲學家讓・布里丹（Jean Buridan）來命名。它是牽涉自由意志（free will）的問題，可用來解釋證成理論（theory of justification），同時也與人工智慧有關（雖然當時還沒有MacBook）。

傳統的故事版本有一頭驢，位於一堆稻草與一桶水之間，不知該先吃草或先喝水。如果這頭驢沒有絕對的理由去選擇其中一個，根據故事描述，牠就會餓死或渴死。

比布里丹晚生了幾個世紀的德意志哲學家哥特佛萊德・威廉・萊布尼茲（Gottfried Wilhelm Leibniz）如此寫道：「若無充分理由，便不會發生任何事情。」因此，如果沒有理由選擇甲，而不要選擇乙，「什麼都不會」發生。優柔寡斷只會自取滅亡。

這個思想實驗要顯示「道德決定論」（moral determinism）的局限，表明人的每一項選擇都是出於先前的原因，才會以某種方式發生。「布里丹之驢」要表明的是，偶爾必定存在某種未知且難以觸及的「元原因」（meta reason），迫使我們去採取行動。我們有時只是在沒有深不可測的理由下做事，而我們就是那樣做了。

一旦人工智慧面臨兩個或更多沒有編寫程式該如何選擇的「選項」，它就遇到問題了。如果所有選項同樣可行，也會造成同樣可接受的結果，要靠何種機制去決定行為或結果？

在這種情況下，「不作為」可能會讓人工智慧關閉，或者陷入無用的無限循環。因此，寫程式時也需要給出一些理由，即使寫的是隨機數生成器（random number generator）。

當然，人類（通常）不會像驢子一樣行事，總會找出理由去選擇，免得舉棋不定而自我毀滅。無論頸部的輕微痙攣、來自某一側徐徐微風、陽光照射物體後閃爍方式，或者一種未知、下意識的厭惡感……無論是出於潛意識或擺明刻意的，人的舉止行動都必須出於**某些**理由。

蘇格拉底談質疑一切

什麼都不知道是什麼感覺？不知道別人在想什麼，會使你困擾嗎？你是否在乎自己答錯了問題？你曾在一天之內舉起雙手多少次，高興說道「我不知道」？

對於蘇格拉底而言，接受自己無知是成為哲學家的第一步，而這也是最深刻的一步。他認為，人人都該多多承認自己無知。

不知從何時起，無知（ignorance）成了否定詞。即使無知不是最嚴重的罪過，肯定也被視為某種人格缺陷。老師、家長和維基百科無不想方設法，要讓學生子女和普羅大眾擺脫無知這種疾病，好像人人都有一個需要填補的洞。

然而，無知並非壞事。我們都知道，誰都不可能萬事皆通。我們認為，精通雙語的人非常厲害，擁有雙學位的人才智非凡，讀過上千本書的人真是奇葩。即便如此，學海無涯，前述學問也只是知識汪洋中的小水滴。隔行如隔山，我們對於某些領域，根本一無所知，但這沒關係。

蘇格拉底認為，無知不是無法避免的罪惡，倘若運用得當，無知是必要的第一步，可據此奠定基礎，逐步邁向真理和尋求智慧。這便是如今所謂的「蘇格拉底式的無知」（Socratic ignorance）。對於蘇格拉底來說，無知分成兩種：

(1) **對自己的無知—無所知**。在蘇格拉底眼中，這就是不知道自己不知道什麼。它指的是從不質疑自己的人。他們蹣跚前行，似乎「睡著了」，表現得好像他們知道什麼是對或錯。這些人從不質疑自己。

(2)**蘇格拉底式的無知**。以批判的眼光去審視我們認為自己知道和不知道的事物，從而自睡夢中甦醒。蘇格拉底認為他的角色是提問者。他是雅典討人厭出了名的「牛虻」，整天都在審問和質疑他人，不停探索各種事情，從正義的本質談到虔誠。這也就是為何雅典公民會在西元前三九九年當機立斷處決了他。

蘇格拉底認為第二種無知是「知識德行」（epistemic virtue）。哲學家和聰明之士都應追求這種境界，要檢視僵硬的理論是好是壞，不要盲目信奉它們。這就是不要不質疑理論是否有效便隨波逐流，要體認到自己所知甚少，了解自己隨時都可能犯錯。

蘇格拉底說過一名言：「未經審視的人生不值得活。」

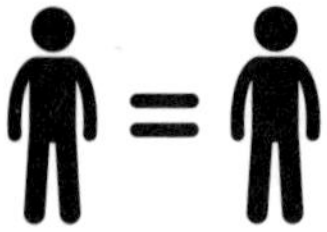

亞里斯多德談邏輯法則

每場比賽都有規則，你必須在開賽時便接受這些規則。不可用手持球；要在線內踢球；要用頸部以下的部位處理球；聽到「羅克珊」（Roxanne）就要喝酒[116]，諸如此類的規定。

哲學、邏輯和我們的思維方式沒有什麼不同。我們從童年發展的早期階段開始，便知道宇宙的某些基本法則。這些法則明顯自然，我們經常將其視為理所當然。

然而，亞里斯多德不這麼認為。他決定將這些法則寫下來。

亞里斯多德沒有發明邏輯，但他肯定是最早將邏輯形式化的人。他列出三項必須運用於辯論、論證、哲學或陳述的邏輯（或思想）法則。我們很難不認可它們：

(1)**同一性**（identity）：事物與自身相同，亦即「A等於A」。這點似乎非常不起眼，但我們必須提出一個有趣的問題去探討知識與現實之間的關係。亞里斯多德的法則適用於事物的實際情況，但不適用於我們認為自己對這些事物的認定方式。例如，克拉克．肯特仍然是超人，彼得．帕克依舊是蜘蛛人，喬治．歐威爾的本名為埃里克．布萊爾（Eric Blair）。即使我們不知道他們是一樣的，這也不礙事。

(2)**無矛盾**（non-contradiction）：事物不能既是某物，但又不是那物（相同的方式和同時）。你要麼是狗，要麼不是狗。你要麼活著，要麼不是活著。你要麼覺得邏輯很有趣，要麼不覺得……，你不能既存在，又同時不存在。即使有雙重人格的變身怪醫（Dr Jekyll and Mr Hyde），都只能以其中一種身分現身。

(3) **排中**（excluded middle）：一項陳述若不是真的，它就是假的。

「今天是星期一」，這句話要麼是真的，要麼是假的。它可真可假，端看你何時讀到這篇文章，但它不能同時是對又是錯，兩者兼之。如同上面的同體法則，這並不表示我們知道事物的真實與否，只是表示存在某種「真值」（truth value，好像從上帝的角度來看）。

運用這三項法則，便可構建有趣的邏輯論證，稱為「三段論」（syllogism），並在辯論中與對手較量。

在《愛麗絲夢遊仙境》之類的超現實冒險故事或者像《一九八四》這類的反烏托邦世界，這些法則被玩弄或顛覆了。然而，這些作家只是玩弄高超的文字遊戲或利用知識上的愚蠢（譬如第一六八頁〈歐威爾談雙重思想〉提到的「雙重思想」）來做到這一點。

在日常生活中，事情會實際發生，亞里斯多德的法則必定能適用。你可能甚至不知道這些法則！

116 一種飲酒比賽的遊戲。比賽時分成兩隊，旁邊播放英國搖滾樂團「警察樂隊」（The Police）的歌曲。一隊聽到歌詞的 Roxanne，就要喝一口酒，另一隊聽到歌詞的 red light，也要喝一口酒。

歐布利德斯論堆疊石塊

有一個男人，我們叫他弗雷德。他有一頭濃密而有光澤的頭髮。我們開個玩笑，拔了他一根頭髮。弗雷德退縮了，但他仍然有一頭濃密的頭髮。我們又拔了他一根頭髮，情況還是一樣。我們得意忘形，繼續這樣幹，一再去拔弗雷德的頭髮。我們何時才能說弗雷德是禿頭？一頭濃密的頭髮到底有多少根頭髮？人要掉髮到什麼程度才算禿頭？

儘管看起來微不足道，這個稱為「連鎖悖論」（Sorites paradox）的問題的確具有重要的哲學意義。跟朋友閒聊這個問題也會很有趣。

希臘字Sorites表示「堆」或「疊」。最初由歐布利德斯（Eubulides，並非著名的哲學家）提出的版本是使用岩石或石頭。多少塊石頭堆在一起才能稱為「一堆」？兩塊，一個疊在另一個之上嗎？還是三塊，這樣才能形成漂亮的金字塔？或者是幾十塊，還是幾百塊？石頭大小有關係嗎？形狀也有關係嗎？

這是邏輯問題。這種「模糊」或「朦朧」給邏輯學家帶來了問題，無法確認某些陳述是真或假。如果沒有明確的區分界限，以此認定什麼是什麼或不是什麼，那麼改變一次情況都不會對事實造成任何影響。多活一天不會讓人變老，多加一滴水不會變成水坑，「一葉不會知秋」。因此，從邏輯上而言，沒有任何事件可以定義一個模棱兩可的術語（或「使其為真」）。

對於「堆垛」類型的詞，我們經常使用極端的情況，譬如：《聖經》裡最長壽的人瑪土撒拉老了，《孤雛淚》孤兒主角奧利佛．崔斯特很年輕。天空是藍色的，草皮是綠色的。亞馬遜公司創辦人傑夫．貝佐斯很有錢，阿富汗的牧羊人非常窮。正是「不太清楚」或「模糊」這類詞會導致哲學問題（以及許多溫和的論戰）。布萊德．彼特（Brad Pitt）老了嗎？北海是藍色的嗎？你是富人？還是窮人？

如果我們不能確定某個事物是否存在，它就會威脅到亞里斯多德的同體法則（亦即萬事萬物都必須是甲或不是甲），它構成了所有形式邏輯的基石（formal logic，請參閱第二六二頁〈亞里斯多德談邏輯法則〉）。

如果陳述時使用「堆垛」類型的字詞，可能會有歧義而導致嚴重的問題。我們可以做出「我不是禿頭」、「這裡太熱了」或「你太可怕了！」之類的聲明嗎？到底要做出多少可怕的行為才夠資格成為可怕的人？

如果不能說這些是真是假，真理和事實的概念到底表示什麼呢？

笛卡兒談我思故我在

勒內·笛卡兒的著作探討了如何應用西方思想的哲學和邏輯的概念，說明簡潔，引人矚目。他最著名的哲學陳述是「我思故我在」（拉丁語：cogito, ergo sum，簡寫為the cogito）。這句話經常被人引用，幾乎成了陳腔濫調。它通常被視為格言，文字簡潔，美感十足，絕妙不已。

拉丁語「the cogito」最常見的英譯為：I think, therefore I am。笛卡兒抱持激進的懷疑論，懷疑一切可能要懷疑的事物。人們認為，這句話便是他的「阿基米德支點」（Archimedean point）[117]。他需要這把梯子去爬出自掘的坑洞。

笛卡兒在他的《沉思錄》（*Meditations*）中提出三波懷疑論的問題，打算逐一掃除讀者的想法和知識：

(1)如果我們知道感官會出錯，我們怎麼能相信它們？將一根棍子放在水裡，棍子看起來像是彎曲的。人的拇指可以變成月亮那麼大。彼得叔叔曾在耶誕節變魔術，讓硬幣憑空消失。我們的感官是有可能出錯。

(2)多數人偶爾會經歷非常生動的夢境，而做夢當下根本沒人會去質疑夢裡的場景，一切都非常逼真。既然現實世界感覺很真實，如何知道它不是一場夢呢？

(3)如果我們暫時承認一個最不可能存在的事情，就是有一個無所不能的「惡魔」在操控我們，把我們騙得團團轉，那麼我們如何百分之百確定任何事情呢？這個「現實」可能只是《駭客任務》的母體、《楚門的世界》的騙局、電腦模擬的世界，或者美國作家亨特・斯托克頓・湯普森（Hunter S. Thompson）的虛幻旅程[118]。我們如何能夠分辨真假？

「我思故我在」簡潔有力，足以回答這些問題。笛卡兒認為，即使一切事物都是惡魔營造的幻覺，必定有什麼東西是惡魔**所欺騙的**。人會懷疑，會去質疑現實，表示存在某些會思考的東西。惡魔不會欺騙自己，而會欺騙一個東西。笛卡兒推斷，這個東西就是我們所謂的「我」。因為有思想，甚至是懷疑的念頭，所以一定有某種能思考的東西，這個會思考的東西便叫做「我」。

這是一條非常美麗的哲學論述。雖然偶有批評（羅素和沙特提出的反對意見很棒，各位不妨去進一步研究），但我每次反思這句話時，都不禁面露微笑。

117　古希臘科學家阿基米德發現了槓桿原理之後說：「給我一個支點，我就能撬動地球。」阿基米德支點是指能夠把事實和理論統籌起來的關鍵點。

118　湯普森根據自身經驗，創作過小說《Fear and Loathing in Las Vegas》，爾後小說被改編成電影《賭城情仇》。

休謨談自我捆束

假設有一個空蕩蕩的舞台，除了死氣沉沉的帷幕和地板上一層薄薄的灰塵，什麼都沒有。突然有個人走上台，向你揮手，然後離開。接下來出現你母親，她正在給當年七歲的你讀床邊故事，然後又走了。然後出現你的身影，威武挺拔，無可描摹，然後又消失了。此後，一道耀眼的紅光突然閃過，遮蓋了一切，但紅光隨後變暗，消失得無影無蹤。

大衛．休謨認為，這是個人身分／認同，一切只是波動飄忽的感覺，轉瞬即逝。它是記憶、雄心、感覺和想法，僅此而已。

自古希臘以來，「我是誰？」的問題一直困擾著哲學家，至今依舊如此。笛卡兒認為，人有形上學和二元論的靈魂，他稱之為自我（請參閱第二四八頁〈笛卡兒談「橘色的飛行精靈」〉），而洛克認為，一切最終都歸結為人的記憶。休謨認為這些都不存在，前述兩種說法都是虛偽或錯誤的。

休謨問道：假使我們進入自己的思想，會發現什麼？我們是否會發現一種「必須始終保持不變的印象」，並且是「永久不變的」？不會！我們只會發現一種思想和感覺的漩渦和翻騰的濃霧，永遠不會停滯。正如休謨所寫，人只會「偶然發現某種特定的感知或其他感知，譬如熱或冷、光或影、愛或恨、痛苦或快樂，永遠都抓不住自己」。我們是雜亂無章、形式不一的隨機想法。這便是為何休謨的理論經常被稱為自我的「捆束理論」（bundle theory）。

休謨認為，自我只是人所虛構的，因為這些心理實例（mental instance）似乎相互關聯。然而，我們腦中想法之間的關係充其量都是微不足道的。我們的想法往往彼此不同，就像粉筆和起司一樣，而我們使用「靈魂、自我和實體的概念來掩蓋差異」。人有某種強烈的需求或動力，要假裝自己一系列不和諧的想法是以某種方式，很神奇地統一成「自我」。

許多人便對休謨蓋棺論定，認為他是哲學家，手持大錘，粉碎了我們的想法，讓我們不對統一、恆定和相互聯繫的自我抱持任何希望。然而，我們還得更深入了解一番。休謨鐵定知道赫拉克利特（請參閱第一九八頁〈赫拉克利特談不斷改變的自我〉），因為赫拉克利特認為整個宇宙不斷變化。其實，休謨使用了類似的語言。然而，赫拉克利特得出的結論是，我們如何**看待事物的整體**時，仍然可以找到一個身分，譬如一把火或一條河流。或許我們本身也是如此？

然而，關鍵的區別在於，對於火或河流，我們是向外觀看的人。對於我們自己的身分，我們是向內觀看。然而……我們**可以**「內觀」自己的想法。如果休謨是對的，而「我自己」只是一堆無關想法的捆束，這個在「內觀」的東西是什麼呢？簡而言之，誰，或者什麼，正在看那個舞台？

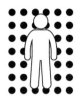

康德談創造世界

看看你周圍的事物。為何你將它們視為獨立的物件（對象／客體）？為何書不會融入桌子？為何貓不是和沙發融為一體？你的腳在哪裡結束，地面從哪裡開始？你怎麼知道某根樹枝屬於某一棵樹，但又能分辨兩棵樹？你的心智（頭腦）為你做了這一切。它是無名英雄。在你尚未對準所看到的東西之前，它早已啟動並瞄準它了。

這便是伊曼努爾・康德的現象主義（phenomenalism）。

世界並非我們所經歷的那般整齊有序的體系。到處是一團亂七八糟的折射光、猛衝直撞的聲波和密度各有不同的原子。因此，人為了理解現實，作為能夠運作的意識體並擁有任何知識，人永遠在排序、構建、過濾和選擇事物。

我們體驗了一個已經有意義的世界。心智就像一個焦點，已經為我們決定什麼是重要的，然後過濾它，使其具有意義。

自己嘗試一下：專注於某個物體一段時間。然後只稍微看一下該物體的一側。或者將注意力從遠轉近。當你從遠處看物體時，大腦選擇性地忽略了哪些細節？當你看風景時，你選擇看哪些部分？將視角轉移到一棵樹、一片草或一朵雲……，它們一直都在那裡，但你的心智先前會將它們排除，讓你能專注於更寬廣的畫面。

然而，康德比這更為激進。對他而言，心智就像餅乾切割刀，使用**範疇**[119]來切割和塑造大量傳入腦中的體驗數據。康德提出十二種範疇，大致分為「空間」和「時間」。空間是用來分開沙發和貓，時間是之前、現在和之後的感覺。在你的意識還沒準備好之前，心智就會替你將這些投射到現實之中。

嚴格來說，此處列舉的許多例子都不是康德提出的，因為它們都是後感官（post-sensory）意識，亦即是基於我們的視覺和聽覺（等感官）遭遇的想法。它們是很好的隱喻，足以描述正在發生的事情；然而，康德認為，心智甚至在這一點之前就已經在幕後運作。它將無意義的「現實」（他稱之為**本體**〔noumenon〕）轉化為有意義的經驗（他稱之為**現象**〔phenomenon〕）。舉一種比較全面的類比：電腦螢幕會將難以辨認的二進位或十六進位程式碼變成人能看見的顏色。

英國經驗主義者（empiricist）採取「一切都是我們所看到的」觀點，歐陸理性主義者（rationalist）則抱持「一切都是形上學的智慧或理性」的想法。康德的天才之處在於他能在這兩者之間找到中間立場。他發現兩者可能都是真的：我們需要經驗，但我們也需要**獲得**經驗的工具和結構。康德讓自己成為別人要超越的人，更是啟蒙時期的主要哲學家。他重新創造了哲學。

119 悟性的純粹概念，包括數量、性質、關係和模態四類，共有十二種範疇。悟性透過十二範疇可整理直觀提供的經驗素材，形成各種概念。

查爾默斯談鉛筆有意識嗎？

在你腦海盤旋的想法和你正在閱讀的文字，其實都不同於其他事物，因為它們只屬於你個人。其他的事物，無論抽象或實體，皆可被檢驗、討論或閱讀，因為它們對我們而言是**外在的**。我們的意識是主觀的。它是「第一人稱」，無論你如何嘗試，絕對沒人能夠深入你的腦海去完全了解你的意思。我們的想法是獨一無二的。相較之下，其他的事物是客觀的「第三人稱」，並且可以告知他人。

澳洲哲學家大衛．查爾默斯（David Chalmers）以這為起點，提出了一種令人迷惑的想法。多數人聽了，應該會睜大眼睛，喃喃說道「哇！」這種想法太奇怪了，乃是一種稱為**泛心論**（panpsychism，又譯萬有精神論）的理論。

根據泛心論的說法，「第一人格」（first personhood）或私人意識是一種獨特的現象，乃是某種物理過程協調之後才誕生。這只是說人的意識是由身體（亦即大腦）特定的運作方式所產生。

泛心論認為，「主觀性」（subjectivity）是宇宙的一種基本力量，如同引力和磁力。引力是兩個不同質量物體的關係，因此意識也等於是「訊息處理粒子」的關係。訊息處理粒子是攜帶和傳遞訊息的東西，可能是傳遞電子信號的突觸，甚至是形成（化學）鍵的元素。

這項理論仍處於萌芽階段（隨著神經科學日益進展，它會逐步調整或發展），但它認為宇宙的粒子都具有「主觀性」的（形上學）特性，好像所有粒子都是模糊的光所包覆的主觀性灰塵。這些粒子與更大和更複雜結構中的其他粒子結合之後，會繼續形成更高階或更低階的意識。灰塵會堆積起來。

這在實踐中代表什麼呢？

嗯，只要是粒子組成的東西都會具備某種程度的意識。化合物H_2O會有自身的「水意識」，然後有氨基酸、鉛筆、老鼠、狗……一直到人類意識。人類擁有獨特的相互作用粒子結構，於是會有一種人類意識，你稱之為「你」，而我稱之為「我」。這並不是說螃蟹能夠閱讀杜斯妥也夫斯基的作品，而是牠具備獨特的螃蟹主觀性。我們不能將自己的意識類型投射到其他系統。

然而，從這裡開始，事情就變得有點玄。反過來說（繼續向上建構），泛心論表示體育場有自己複雜的結構，因此會有「體育場意識」。然後亞洲……世界……或宇宙……都會也自身的意識。多虧了泛心論，從那裡開始，也許我們可以推論有「普世意識」……

……如果那不是神，它又是什麼呢？

克拉克和查爾默斯談擴展心智

你能記住多少組電話號碼？你能憑著記憶開車去多少個地方？你會用手機來記電話號碼和地址嗎？你多常需要使用手機？

手機就像人心智的延伸，比大腦更能發揮心智功能，而且速度更快。這種想法是安迪・克拉克（Andy Clark）和大衛・查爾默斯在他們一九九八年的文章〈擴展心智〉（The Extended Mind）中提出的。

人類的心智非常複雜，十分奇特，能做神奇的事情。我們目前才剛剛要開始完全揭露心智能做的事情。這些「認知過程」讓我們能與這個世界和別人彼此互動。它們使我們得以運作。當我們使用「我們的心智」（our mind）這個詞時，真正的意思是一套涵蓋記憶、注意力、運動控制、動原／能動性（agency）、感官等的總稱。然而，為何這些都必須限於大腦呢？

如果我們透過執行過程來定義我們的心智，為何不納入我們用於發揮這些認知功能的工具和技術呢？記憶是回憶訊息。假使我們用手機來回憶數字，或者寫日記來記住假期，這些難道不算我們心智的一部分嗎？這些擴展的物件跟腦組織或突觸一樣，也在執行認知功能。

果真如此，便可說我們使用的某些工具，例如智慧型手機、電腦或日記，乃是我們心智的一部分。假使它們屬於我們的心智，便也是我們身分的一部分，而這有不少道德和法律意涵。老師沒收學生的手機之後，能夠不影響學生的認知過程嗎？如果年長的女士丟失了童年日記，這難道不像老人痴呆症那樣會嚴重影響她嗎？我們能否上社交媒體（和網路），是否跟家庭、朋友和休閒的權利一樣，對我們的幸福至關重要？

隨著技術日新月異，擴展心智的論文會更加引人注目。該如何看待會改變人現場感知的擴增實境軟體呢？我們可透過大腦去啟動仿生學產品，讓自己隨意移動，或者「觸摸」和「看到」數百英里外的事物。我們又該如何看待這類物件？此外，又該如何面對可以即時翻譯語言的手機？除了我們天生偏見，其他的心智為何非得只能存在於頭骨裡面？

10 政治和經濟

人一組織起來就能做事，能做許多了不起的事情，這便是政治。政治能激發人類最偉大的情操，也能顯露人最為凶惡的一面。政治會保護我們、創造我們、賦權給我們，也能定義我們。然而，政治一旦敗壞，也可能迫害和排擠人民，進而摧毀和剝奪人性。

政治，乃是集眾人力量所做之事。

霍布斯談創建政府

假設你是個山頂洞人，忙了一日，剛結束狩獵或採集果實，回了到家，日子過得還算不錯。然後，有一天，一位壯漢闖進了你的家。

他咕噥道：「給我吃的！」你很震驚，要找到食物畢竟不容易，但你只是孤身一人，無力反抗。

你很生氣，問道：「為什麼？」

壯漢挺起胸膛，回答：「我替你守著洞穴，把其他人擋在了外面。」

第一份社會契約便如此誕生了。十七世紀的英國政治哲學家湯瑪斯・霍布斯（Thomas Hobbes）如此描述這項交易，從中定義了我們如何看待今天的政府。

霍布斯認為，統治者或主權權力誕生之前，人類的生活非常可怕。人一旦擺脫了權威，很快便將轉向「自然狀態」：大家將激烈爭奪資源，過著恐怖野蠻的生活，人壽也不長。世界將猶如《陰屍路》、《瘋狂麥斯》和《異塵餘生》等電影場景融合的景象。

為了免受這種痛苦，我們必須放棄絕對的個人自主權，將權力交給主權政府。沒錯，我們不能恣意偷竊和殺人，但我們的財產和生命卻能受到保障。霍布斯認為，人們感到安全之後，便享有更多自由，生活也更為舒適。例如，我們可以離開家，到社會上去工作，如此便能進一步分工，社會便能進步。

因此，個人組成的社會和他們元首之間會簽訂「社會契約」：個人一方面要放棄自由，另一方面則能獲得安全，過舒適的生活。許多現代政治辯論仍然遵循這種契約形式，關注集體自由與個人自由。

霍布斯著書立論時正值英國內戰。他認為，如果生命沒有受到威脅，就不應該違反契約（換句話說，百姓應該忠於君王）。然而，約翰．洛克和尚－雅克．盧梭後來卻以更平等的角度看待社會契約。他們認為，如果君主違背了協議，臣民便有權起而反抗。

那麼，契約底線該落在哪裡？政府做了何種行徑會嚴重到讓人民覺得他們背棄了承諾？百姓是否會沒有參與政治或作惡犯罪，進而背棄了自己在契約上所做的承諾？

馬基維利談如何成為君王

要想攀上頂峰，就得把人踩在腳底下嗎？難道只有貪污收賄、腐敗無能或追求虛無主義才能成功嗎？有二成的CEO表現出臨床的精神病行為。為何會如此？

馬基維利（Machiavelli）的《君王論》（*Prince*）回答了上述疑問。

根據義大利文藝復興時期的外交官尼可洛．馬基維利（Niccolò Machiavelli）的短篇著作《君王論》的說法，有能力掌權的統治者（並非**好的**君主）會不擇手段維持自己的地位（對他來說，只有男人才能擔任君王）。在君王眼中，為達目的可不擇手段。操縱、欺騙、賄賂、暴力、勒索和背叛，種種行徑皆可使用。說是要謀取「更大的利益」（何謂利益，當然是君王說了算），其實只是為了讓統治者持續掌權。

《君王論》有許多名言，非常值得引述。茲列舉如下：

「若靠詭計便可取勝，絕不要訴諸武力。」

「既然愛和恐懼無法並存……讓人恐懼比被人喜愛要安全得多。」

「既然要傷人，就該置之於死地，免得對方日後報復。」（美劇《火線重案組》的毒販奧馬換了說法：「你想幹掉老大，可千萬別失手。」）

《君王論》教人玩弄權術。公司要取巧行騙，非看本書不可。若想施行暴政，千萬不能錯過本書。

我們如今不知該如何去看待《君王論》。它是實用主義者在講述「該如何處事」嗎?它是專為暴君所寫的書嗎?或者,它其實只是一本諷刺小品?馬基維利的其他作品都在講述道德且位居主流,由此來看,最後一種解釋似乎最為合理。

然而,毫無疑問的是,《君王論》在當年影響甚大(但頗受爭議),此後也逐漸影響其他的文化圈。談到政治陰謀和幕後交易,馬基維利可謂西方的孫子(請參閱第二四二頁〈孫子談贏得棋局〉)。從莎士比亞的作品到《權力遊戲》,我們可以看到領袖無不根據馬基維利的規則行事。他們殘忍無情,渴望權力,為所欲為,無所不用其極。

伊本．赫勒敦談帝國興衰

有一位年輕的音樂家掀起席捲全球的旋風。他才華洋溢，逐漸創立一種新的音樂類型。他一夕成名，廣受追捧，從東京到洛杉磯演奏會的票都銷售一空。然後，事情開始發生變化。第二張專輯不錯，但沒有那麼讓人熱血沸騰。第三張專輯似乎有點普通。第四張更是欲振乏力，毫無特色。他縱欲吸毒，萎靡不堪。這位音樂家江郎才盡，被迫退出舞台，另一位更火熱且更新穎的音樂頑童取代了他的位置。

聽起來是否很熟悉？傳記片的情節通常都是如此。對於阿拉伯學者伊本．赫勒敦（Ibn Khaldun）來說，它完美反映歷代帝國、國家和王朝的盛衰起伏。

伊本．赫勒敦著書立論之際，分裂的穆斯林世界正逐漸衰落。在先知穆罕默德（Mohammed）去世之後的數個世紀裡，眾多哈里發（caliphate）[120]四處征戰，征服了從西班牙頂端到印度邊界的廣闊領土。穆斯林世界朝氣蓬勃，成就非凡。然而，到了十四世紀中葉，北非已經分裂成眾多小王朝，彼此征戰不已，而西班牙的穆斯林只佔據很少的土地。在六百年之內，伊斯蘭世界停滯不前。伊本．赫勒敦的偉大著作解釋了為何會如此。

伊本．赫勒敦指出，王朝的權力來自**阿薩比耶**（asabiyyah，讀音：ass-ahbye-ah），意思是「社會凝聚力」（social cohesion），亦即親近的部落、國家或人民建立的連結或團結一心。人們面臨惡劣和嚴酷的生存條件時，通常會最團結，因為群體只要缺乏凝聚力，便無法在亞特拉斯山脈[121]或撒哈拉沙漠長期生存。然而，群體一旦變得溫文爾雅並融入有文化的城市生活時，**阿薩比耶**就會被侵蝕或腐化。

伊本·赫勒敦認為，即便群體具備**阿薩比耶**，充滿自信，實力強大，四處征討，佔領無垠領土，五代之內也必將墮落，最終被人推翻。這是可預測的，分五個階段依序發生：

(1)充滿活力的**阿薩比耶**民族四處征討，所向披靡。
(2)原本是群體統治，逐漸轉變為奉立一位君主，使其統掌大權。
(3)明君王心存正義，發揮才智，締造盛世，國家富庶，百姓安康。
(4)王國過於自大，貪慕虛榮，貪污腐敗盛行，裙帶關係嚴重，因此危機四伏。
(5)新的**阿薩比耶**團體興起，擊敗老舊王國，使其權力盡喪。

所有的帝國、王朝和征服者都會在這股浪潮中興衰起伏。民主國家興起之後，人們或許不再討論會有帝國興起去四處征服諸國，但伊本·赫勒敦的五個步原則可輕易套用於任何王朝或世襲職位。

假使你覺得自己聽過「興衰」的故事，那是因為你確實聽過。遠在六個世紀之前，伊本·赫勒敦便以最清楚的筆調說明了帝國興衰的歷程。他對歷史的社會學研究方法如今已成為規範。我們透過他的論述，不僅可窺探十四世紀的哈里發，也能了解目前的世界。

---

120 伊斯蘭教的宗教和世俗的最高統治者的稱號。
121 位於非洲西北部，介於地中海與撒哈拉沙漠之間。

赫爾德談民族主義

你的國籍對你意味著什麼？無論你是搥胸頓足、感到狼狽不堪或想轉頭置之不理，你還是會稍微了解「國家」（nation）這個詞。國家是否表示讓你擁有一本護照、佔有一些邊界、擁有一面旗幟和一首能在奧運會上唱的國歌？或者，國家是否意味著它具備一套特有的價值觀和美德？

在十八世紀時，德國哲學家約翰．赫爾德（Johann Herder）率先思考何謂民族主義（nationalism），而他認為上述的都不是。前者（邊界和旗幟等等）代表一個法律和政治政府（legal and political state），而非真正的國家（nation），後者（價值觀和美德）幾乎不是任何民族所獨有的。

赫爾德認為，每個國家都是由其「**民族精神**」（Volksgeist，英語：spirit of the people）所定義。它是國家創造力的源泉，往往根深柢固，甚至可上溯至遠古時代。這種「民族文化」感（sense of 'national culture'）由多種因素構成，例如：

⑴語言：這是最重要的因素。赫爾德指出，人學習一門語言，就會「投入心血」，而語言表達了人的靈魂。我們屬於給予我們語言的國家。我們用**自己的**語言去思考、交談和夢想。

⑵領土：這並非政治地圖上的界限，而是我們與土地的聯繫。所謂土地，可能是英國浪漫主義詩人華茲華斯（Wordsworth）筆下的壯麗山谷，美國文學家愛默生描寫的激流河川，或者俄國

小說家托爾斯泰心繫的田園農場。對於赫爾德來說，這不一定是某個民族當前的領土（例如，在以色列立國之前，猶太人是流離失所的）。

(3)傳統：這是性格、禮儀、思想、神話和傳說的傳承繼代。這就是我們的言行舉止。這是我們生活的潛規則，譬如：（對英國人來說）「絕不可在公共汽車上與陌生人交談」，或者「如果聊不下去，就談談天氣」。

你可能會問，這為何很重要？嗯，赫爾德關心個人的幸福。人人皆是獨一無二，大家都會自行決定如何過幸福快樂的生活。然而，在一個具有類似**民族精神**的國家，全國人民對於何謂幸福生活的想法自然會有所重疊。英國人會有類似的願望，而這些願望通常不同於中國人的夢想。因此，政治上統一的國家最能夠集眾人之力去實現個人的幸福。

最重要的是，赫爾德認為，一個政府無權控制不同的國家。這就表示政府不該去統管眾多有不同**民族精神**的人民。從羅馬帝國到大英帝國，這類帝國皆是「怪物」。然而，由許多共享文化的政府所組成的帝國，比如古希臘或美國這樣的聯邦民族國家，乃是「一個井井有條的大家庭」。因此，試圖征服不同文化的好戰民族主義必定是錯誤的。

民族主義並非每四年（在奧運會上）揮舞一次旗幟，或者看不起其他的民族，而是表示人民如何才能快樂的文化框架。當我們的同胞跟我們的幸福觀點類似時，我們就能彼此親近，而大家共同努力，讓一切成為可能。

修昔底德談不可避免的戰爭

你是這裡的老大。整個社區都聽命於你。居民會向你點頭致意，好像你是教父維托・柯里昂（Vito Corleone）和大毒梟巴布羅・艾斯科巴（Pablo Escobar）兩人合而為一的大人物。然而，有一天情況有所改變。鎮上來了一個傢伙，搞得滿城風雨。民眾開始向他點頭稱臣。他奪走你的客戶，讓你顏面掃地……你的聲望一落千丈。你是老大，打算怎麼辦？

對於古希臘哲學家修昔底德（Thucydides）來說，你只有一條路可選，就是跟對方幹架。

修昔底德與希羅多德（Herodotus）齊名，號稱「科學歷史」之父[122]。在他的主要著作《伯羅奔尼撒戰爭史》（*History of the Peloponnesian War*）中，修昔底德不僅準確詳述雅典和斯巴達之間的戰爭，更利用這些事件去推斷地緣政治原則，找出歷代國家和強權政治的運作之道。

斯巴達曾是該地區的主導勢力（「霸主」〔hegemon〕），而雅典則是引人注目的新興勢力，與斯巴達互爭霸權。按照修昔底德的說法，這兩個國家非決一死戰不可。原本主導的勢力必定會與崛起的勢力衝突。在國際關係中，這種情況被稱為「現實主義」（realism）。

從廣義而言，現實主義有三個論點：

(1)人性是自利的，因此要確保國家安全。

(2)國與國之間不講究道德和理想的正義概念。

(3)世界秩序是無政府的，亦即沒有更高的力量來制衡各國。

修昔底德在〈米洛斯對話〉（Melian Dialogue）中總結上述三點。這段文字描述雅典剛征服米洛斯（Melos）[123]之後的談判內容。雅典人聽到米洛斯人訴求「正義」，便一笑置之，同時宣稱：「強者會為所欲為，弱者只能逆來順受。」

在國際關係中，現實主義便是不擇手段，各自牟利。自利的國家發動戰爭，就是先發制人，保護自身安全。外交關係可歸結為不同國家在爭奪統治權（使用詭計詐術，甚至動用軍隊）。身為霸權便能保證安全。

馬基維利、霍布斯和約翰·米爾斯海默（John Mearsheimer）之類的現代思想家讓現實主義廣為人知。史料斑斑，有無數案例足以佐證這項理論：羅馬對上迦太基（Carthage），鄂圖曼帝國對上拜占庭帝國，西班牙哈布斯堡家族（Hapsburgs）與幾乎所有人作對（！），大英帝國對上法國，日本對上中國，或者蘇聯對上北約。

二〇一二年，美國政治與國際關係理論家格雷厄姆·艾利森（Graham Allison）提出「修昔底德陷阱」（Thucydides Trap）一詞，認為美國（當前的世界霸主）和中國（崛起的大國）之間摩擦日增，有朝一日兩國勢必引爆激烈衝突。

……我們只希望修昔底德講錯了。

---

122 修昔底德對史料收集和因果分析抱持極為嚴謹的態度。

123 斯巴達的移民組成的島國，它打算在戰爭中保持中立，但雅典不允許它這麼做。

馬克思談世界歷史

歷史的推移不像清晰可見的飛箭，反而像一群傾巢而出的蜜蜂。時至二十一世紀，在這個後現代的數位時代，我們這群「活在現在」的人只能算是少數，綜觀巨大陰暗的時間泥淖，我們只是其中的一小部分。日後有誰會在書中讀到講述我們的文字呢？有誰會關心我們微不足道的需求、擔憂或感情呢？未來的人看待我們，就如同我們現在看待中世紀的農民一樣。我們將成為繪畫背景中的模糊斑點、交響樂中最輕聲的三角鐵叮噹聲，或者某人小說第十章出現的無名角色（如果我們有幸被寫入書中的話）。歷史是關於偉大的運動、社會和巨大物質力量穩定的轆轆前行。這與你我都無關。

這便是卡爾·馬克思（Karl Marx）在他的「辯證唯物論」（dialectical materialism）世界歷史觀中採取的態度。從此之後，它便以某種形式替人們看待歷史的角度添加了色彩。

在馬克思之前，學術界奉行蘇格蘭歷史學家湯瑪斯·卡萊爾（Thomas Carlyle）所表達的論述，認為歷史都可歸結為「偉人傳記」（the biography of great men）。除了少數的例外情況（例如伊本·赫勒敦，請參閱第二八二頁〈伊本·赫勒敦談帝國興衰〉），歷史被認為是由少數英雄（清一色為男性，毫無例外）所締造的結果。凱撒創造了羅馬，阿爾弗烈德（Alfred）大帝創造了英格蘭，華盛頓創造了美國，拿破崙創造了法蘭西，亞當·斯密創造了資本主義，諸如此類的事蹟。有了這些偉人、偉大的思想和特定光榮時代，人類才有今日的成果。

馬克思認為，這全是無稽之談。對他來說，沒有人創造過歷史，人只是生活在「已經存在並從過去傳承下來的環境之中」。他認為，每一種政治制度、每一條法律和法律制度、每一項習俗和文化規範，都是複雜的社會經濟因素網絡所產生的結果，他將其稱之為「生產力」（productive forces）。我們生活的上層結構，或者我們周圍的一切，都是從自然資源、技術、勞動力市場，當然還有階級鬥爭等物質環境的土壤生長出來的（請參閱第一二〇頁〈馬克思談階級鬥爭〉）。

從馬克思主義的角度看來，歷史事件很難解釋清楚，必須審視階級、不同生產方式和物質因素之間的關係產生出的複雜整體局勢。例如，封建制度的等級制度源於中世紀的農業和手工技術（生產方式）。「財產權」的法律制度是在地主開始主導現代經濟之後才出現。簡而言之，唯物主義的術語能夠解釋一切。

馬克思的思想非常廣闊，但經常遭人低估。並非每個人都認同他對資本主義的批判和他的歷史觀；然而，不可否認的是，他的思想是革命性的。馬克思之前的史學家已經從社會學的角度去審視世界事件，這點毫無疑問，可是沒有人像馬克思那樣博學多才，能夠提出劃時代的論述。

伯克談先人智慧

如果我們有一個很驚人的新系統或一項很棒的計畫，或者即將發生的一場偉大的革命，此時該怎麼辦？我們是否應該因為有今日的新構想而拋棄所知道的一切，或者拆毀我們所擁有的東西？犧牲數個世紀傳承的智慧，只為了追求時髦的意識形態？

十八世紀愛爾蘭政治家埃德蒙·伯克被視為現代保守主義（conservativism）之父，他大聲疾呼，說：「不！」

最穩定成熟的社會不是一夜之間形成的，也不是由某個孤獨的哲學家國王運用課堂教授的政府模式所建立。社會是數千年有機成長和積累智慧的產物。它是無數次實驗失敗後得到的最好結果。羅馬不是一天建成的，而是經過幾個世紀的反覆試驗，失敗再失敗，最終才成形的。

伯克高度懷疑個人理性。伯克見證了法國大革命（French Revolution），當時社會洋溢著樂觀主義（optimism）[124]，但他抱持相反的論點，認為人自私短視，極易犯錯。

個人的「私人積累」（private stock）與「國家和歷代的資本」（capital of nations and ages）相比，根本微不足道。伯克認為，人都「不尊重別人的智慧」，卻非常固執，認為自己很有智慧。

即使是當代最優秀的人也不過是單打獨鬥。就算是牽涉最廣的社會運動，與傳統的汪洋大海相比，只是微小的一滴水。伯克生長的英國享有民主，這並非從天而降的奇蹟，而是長期緩慢變化，逐漸積累成果之後才誕生的。想要一步登天，一舉便徹底改變社會，根本就是心存傲慢，以為自己比前人更優越，認為自身觀點超越昔日傳統。我們只是牆壁上新砌的磚頭，算是哪根蔥，怎麼會高喊要推倒整棟大廈呢？有人要「破舊立新，因為東西是舊的」，卻「不怕匆促打造新建築時引來的禍患」。這樣有何智慧可言？

伯克的保守主義並非完全靜止僵化，反對任何進步措施。伯克認為，改變必須謹慎且經過深思熟慮（即使這很無聊或複雜萬分）。革命分子都想迅速解決問題。他們要造成劇烈的動盪，但伯克認為，這些人總是會帶來災難或促成恐怖統治。

話雖如此，國家必須不斷向前邁進。伯克認為，國家一旦不想改革，便注定要滅亡。說得更確切一點，改變應該循序漸進，而且**要能挽救缺失**，這點很重要。若要把人送上斷頭台，事前絕不能犯錯。

因此，如果政客或朋友提出快速、簡單和激進的解決方案，請仔細考慮一下。在伯克眼中，激烈的下意識反應很少是明智的。我們的祖先可能比我們想的更有智慧。

124 人生永遠朝著至善之境邁進。不完美和醜惡是邁向至善必經之過程。

潘恩談革命

陷入陳規舊習很危險。我們脫口便說：「一直都是這樣的！」幾乎不會停下來思考為何事情會變成這樣。因此，要當個激進分子或發動革命，需要付出代價，方能奮力擺脫窠臼。

美國政治理論家湯瑪斯·潘恩（Thomas Paine）生前鼎力支持美國和法國革命。他認為，在我們看待政治時，前述說法再真實不過了。難道我們不能隨波逐流，樂於接受不足之處，隱忍不公不義，只因為那是我們所知道的一切？潘恩寫道：「不指出某件事是錯的，久了之後，它看起來就是對的。」

潘恩認為，我們身而為人，誰都享有某些絕對和不可侵犯的權利，亦即生命、自由，以及言論和信仰的自由。另有享受安全和受到保護的公民權利，而這正是我們需要國家和政府的原因。

當披著「維護傳統」外衣的權威政府侵犯這些自由時，每一代的仁人志士都該義不容辭挺身而出，矢志推翻這個體制。上一代的政權無權約束今日的我們，「在每個時代，所有世代都必須享有為自己而活的自由……。都已經踏進墳墓了，還想統治後人，真是狂妄自大，細數各種暴政，這樣是最荒謬和最蠻橫的」。前人可能有一些智慧，但他們管不到我們。

潘恩抱持貴格會主義（Quakerism）[125]，認為人類與生俱來擁有完美、光明和善良的特質。他徹頭徹尾反對獨裁。此外，潘恩認為政府是必要之惡，政府應該是百姓的僕人，而不是人民的主人或高高在上的君王。這便是他的觀點，亦即人民隨時都該去推翻不公不義或貪污腐敗的政權。

革命者不一定會信教，但都會信奉超越國家法律的絕對價值體系。耶穌抨擊法利賽人（Pharisee）、《大憲章》（*Magna Carta*）講求「法治」、潘恩和盧梭信奉自然權利（natural rights）、馬克思高舉無產階級，以及我們現代對「人權」的絕對論述，無不是如此。國家或傳統會與時俱進，但革命必須依賴超越這些的價值觀。

我們是否該將原則置於傳統之上？我們是否有足夠的勇氣，敢於按照自身理想去生活？努力創造烏托邦，無論失敗的可能性有多大？正如潘恩寫道：「我們能夠重新創造世界。」

因循苟且並非是危險的，而是這樣一來，錯誤的事情就變得正常了。有時只須發聲議論或提出一個大膽的構想，就能讓自己重獲自由。

125 貴格會是基督教新教的一個派別。

斯密談看不見的手

你是否想過，為何牛奶會比礦泉水便宜？或者，為何耶誕節的隔天商品都會降價？為何鑽石如此珍貴？指尖陀螺曾風行一時，如今怎麼都不見蹤影？

蘇格蘭經濟學家亞當・斯密（Adam Smith）回答了這些問題：這是「看不見的手」（invisible hand）運作之後的結果。

在一七〇〇年代，歐洲多數地區屬於「重商主義」（mercantilist）[126]經濟體，表示他們認為國家要積累財富，便要囤積所有的生產商品和發行的貨幣。如此一來，便衍生「命令式」或「自上而下」的經濟。各國領袖瘋狂保護本國工業，不讓自己與其他國家貿易往來時出現逆差。斯密認為，這種做法大錯特錯。

他主張「商業主義」（commercialism），亦即「人人皆以交換物資為生」。國家不應該只追求自給自足，因為這樣效率極低，反而要將勞動力細分到專業領域，然後用專業知識去換取需要的物品。

為此，「財富」必須分成兩種：一是（我們擁有或需要的）資產。二是資本（包括任何可轉讓的物品，最常見的是金錢）。我們會以合適的方式去使用資本財富。人的集體消費習慣便會創造一隻「看不見的手」，反過來又隨時調整價格和供需關係。

如果麵包店以兩倍的價格出售同等質量的麵包，消費者就會去買更便宜的麵包，麵包的整體售價便會下降。假使人們突然需要某種產品，看不見的手便會創造一家供應商來滿足市場需求。

斯密指出，這種運作完全出於自私，但並非一件壞事。我們尋求物美價廉的商品，各地的價格便會下跌。我們想要聚集更多的資本來生產更多商品或研發創新，人人最終都能受益。我們一看到有市場需求，便會想方設法去滿足需求。如此一來，誰都不會欠缺渴望的東西。

看不見的手比任何「自上而下」管理的官員都更了解我們，因為它就是我們。這隻手會與時俱進，能夠因應短暫的風潮，滿足人們的需求。坊間充斥指尖陀螺時，政客甚至還沒聽過這種玩意。

人們經常誤解斯密，以為他主張完全不受限制的市場。這種說法對他是不公平的。他曾經指出，有幾件重要的事情應該永遠不受到市場力量的影響，亦即國防和司法，還有教育或造橋鋪路等「公共事業／工程」。一般人應該不會去投資這些。有趣的是，如今某些這類業務竟然已經對私人市場開放。

斯密一七七六年出版的《國富論》內容比外界認為的更為細膩。雖然資本主義興起並非他獨自所造成，但斯密的想法比其他學者的論述都更加深入改變了我們的社會。

---

126 重商主義是十六世紀到十八世紀之間盛行的經濟理論，乃是將民族主義套用於經濟，要確保國家能夠盡量生產物資，防止本國過度依賴外國的供應商。

托克維爾談保護民主

你是否曾經被迫接受別人想要的東西？有可能你家人要叫外賣，大家投票，看看要吃什麼，結果只有你想吃中餐？或者你想看皮克斯的新電影，卻只能盯著《玩命關頭》（*Fast and Furious*），內心憤憤不平？如果你表決時總是輸人，那會是什麼感覺？如果你從來都是少數，你會作何感想？

法國貴族兼外交官亞歷西斯・德・托克維爾（Alexis de Tocqueville）在一八三一年於高中畢業但尚未讀大學的期間前往美國四處遊歷，他當時便在思考這個問題。完全民主的國家如何才不會成為「多數人的暴政」[127]？

托克維爾先前已經看到了不祥之兆。當時，君主專制和貴族強勢的時代即將結束。歐洲遍地興起的革命清楚表明了這一點。全世界都在走向民主。因此，他做了擔心自己生命的書呆子會做的事，亦即去看看「民主是何模樣」，那就是美國！他親眼目睹了「民主的特性、偏見和激情，從中了解我們必須害怕什麼，或者希望從它的進展中得到什麼」。我猜想他大概在美國沒有玩得很開心。

托克維爾最關心的是該如何防止佔主導地位的喧鬧群眾只為私利而做決定。如此一來，「人民」的法律將凌駕於「人類」的法律之上。

托克維爾當時將美國視為如今所謂的資本唯物主義（capitalist materialism）的頂峰。他看到

「物質生活的樂趣」如何成為「美國人的主要志趣」，以及利潤和財富如何成為驅動社會前進的力量。托克維爾擔心這些價值觀，這種「物化人」的驅動力會被強加給每個人，任何持不同意見的少數派價值觀都難逃毒手。如果多數人便能決定對錯，有什麼能夠阻止價值觀的民主化（democratisation）？

然而，這種情況並未在美國出現。選舉的輸家和大量從海外移居美國的少數族裔都受到了保護。是什麼讓美國沒有墜入托克維爾在法國看到的恐怖和專制主義？

首先，美國人在政治上非常活躍，尤其他們特別會籌組團體，譬如遊說團體、利益團體、教會、學校董事會和慈善機構……林林總總，種類繁多。少數族群藉此得以團結，大聲表達意見，同時在全美各地掌握權力。

其次，美國是根據厚實的基督教基礎所建立的國家。百姓信奉宗教，擁有唯物主義者欠缺的價值觀。托克維爾寫道：「沒有道德，就無法迎來自由。沒有信仰，也無法弘揚道德。」宗教超越政府，作為個人和道德良知來制衡多數人的統治體制。

我們如今可以從托克維爾的論述學到不少東西。此處要提出一個問題：如今宗教式微，該如何避免物質主義暴政（materialistic tyranny）？要保護每個人（尤其是少數群體）的自由和權利，一切取決於個人的價值觀。如果我們無法從社會得到這種價值觀，眼下宗教又已衰微，我們該從何處汲取它們呢？

127 又譯多數暴力或群體暴政，屬於民主制度和「少數服從多數」的缺點，讓多數人的利益始終置於少數人的利益之上，讓少數人不受尊重。

康德談世界和平

偶爾有人會說哲學有點無濟於事，這並非無的放矢。泛心論（請參閱第二七二頁〈查爾默斯談鉛筆有意識嗎？〉）非常奇異，柏拉圖的理型世界（請參閱第一〇六頁〈柏拉圖談真愛〉）過於抽象，柏克萊的唯心論（請參閱第一五二頁〈柏克萊談看不見的東西〉）過於強調唯我，這些幾乎無法獲頒「最有助益的發明獎」。如果哲學家能告訴我們一種宏觀的想法就好了，讓我們可以永遠改變世界，讓世界更美好。如果它能給我們帶來……世界和平呢？

這正是伊曼努爾．康德認為他所做的。他的小冊子《永久和平》（*Perpetual Peace*，一七九五年出版）逐步勾勒如何去消弭戰爭。

康德追求世界和平的祕訣是討論人類學、政治和哲學理性易讀易懂（對他而言）的雜論，加上體現啟蒙時期、滿懷希望的樂觀主義。他概述三篇「權威性論文」，內容簡潔有力，可供各國遵循：

(1)**成為共和國**。康德將共和國定義為選舉產生的立法機構，支持法律面前人人平等。公民會制定法律，透過共識去認同這個體系。因此，康德認為，沒有公民會輕易投票「去發動戰爭而帶來苦難」或「讓自己的財產因戰爭而付之一炬」。唯有富有的寡頭集團或獨裁者才會發動戰爭，因為他們沒有什麼可失去的。

(2)**成立共和國聯邦**。這個聯邦更像是如今的貿易區（trading zone）或互不侵犯條約（non-aggression pact）。互相貿易的國家不會發動戰爭，因為誰都無法得利。這種聯邦並非基於某種「國與國之間兄弟情誼，而是基於自身利益」。康德認為，國家無不希望興盛繁榮，因此願意組成貿易聯盟。這樣不會讓國家喪失主權或身分認同，也不會導致單一的意識形態、文化、宗教或語言。

(3)**擁抱世界主義**（cosmopolitanism）。康德相信，人類在最後一場毀滅性戰爭發生之後，將被迫承認要對自己負責。康德的世界主義並非胡亂將人類湊在一起，而是要大家相互尊重。如果我們將他人視為次等生物、邪惡至極無可救藥，或劣等民族，世界絕對無法永久維持和平。

在一九九〇年代，蘇聯解體和日裔美國作家福山（Fukuyama）提出「歷史終結論」（end of history，請參閱第三〇四頁〈福山談歷史的終結〉）之後，康德的論點便非常盛行。美國總統伍德羅・威爾遜（Woodrow Wilson）曾經根據康德的論述去籌建國際聯盟（League of Nations，如今已經失敗），如今的聯合國也依照類似原則建立。與康德想法最為密切和明顯的便是歐盟（European Union）。事實證明，民主國家若能維繫密切的貿易關係，很少會發動戰爭。因此，康德的說法不無道理。然而，要落實他這三篇權威性論文的觀點並不簡單，其實是難如登天。

甘地談非暴力

你會「逆來順受」或「以牙還牙」？如果你被人壓迫，你會反擊或打算相安無事？你認為最有效的激進手段是馬丁．路德．金恩的非暴力抗爭，或是美國民權領袖麥爾坎．X的暴力自衛？和平能勝過暴力嗎？挑釁好鬥是否只會讓別人更猛力打擊你？

印度反殖民主義者聖雄甘地（Mahatma Gandhi）是非暴力抗爭的原型，他認為暴力會腐蝕它所觸及的一切。流血抗爭和四處破壞，無法建立穩定、和平且有道德的國家。

甘地受過印度和西方的傳統教育，融合了印度教和基督教的觀點，提倡非暴力抗爭。甘地（受托爾斯泰啟發）認為，非暴力是漸進式同理心（progressive empathy）的自然結果。人會先關心自己和直系親屬，然後再顧及部落、村莊或國家。甘地相信，最後階段將是對全人類的博愛和同情。他認為，自相殘殺其實違背人類的天性。

然而，大眾或許不知道，甘地並非絕對的和平主義者，他其實認為偶爾無法避免使用暴力。

首先，他認為如果符合被殺者的利益，殺戮是正當的。我們如今可稱之為恩慈安樂死（compassionate euthanasia）。其次，他認為非暴力更像是一種應該追求和踐行的理想。他知道人有時候會陷入雙重束縛（double bind，例如，如果不能讓兒童免受暴徒侵害，非暴力其實更糟糕），有時如果將非暴力當作藉口來掩飾自己缺乏勇氣，這種行徑就是不光彩。其實，甘地曾說：「非暴力永遠不能用作懦夫的盾牌。」換句話說，逃跑或躲藏都不算非暴力行為。

甘地的非暴力想法中包含印度教元素，認為根據不同的情況或關係會有不同的義務。我們對家庭的責任可能與我們的政治或宗教職責截然不同。甘地認為，非暴力是個人基於道德修養所應承擔的義務。因此，如果你的宗教或家庭受到威脅，便可以去訴諸暴力。對甘地來說，絕對沒有正當理由去替暴力行徑開脫，但人如果出於同情和必要而訴諸暴力，我們可以原諒或赦免他。

甘地對於非暴力的觀點比我們認為的要微妙得多；然而，他認為政治暴力（例如印度人使用暴力手段推翻英國政權）根本不可取。甘地認為，人不能強制他人去實現更崇高的理想。暴力永遠會讓你的目標沾染污點：「訴諸暴力，暴力必定猖獗。」甘地認為，如果要讓革命和民族獨立顯得高尚和追求正義，便不能使用暴力，讓生靈塗炭，屍橫遍野。

恩格斯談觀念自由市場

兩種截然不同的文化、觀點或想法融合在一起並相互激盪時，會發生什麼事？「觀念自由市場」（marketplace of ideas）[128]能否創造烏托邦？為何協同合作（collaboration）是好事？透過這些問題可了解**辯證法**（dialectics）。

德國哲學家黑格爾（Hegel）普及了一種觀念：「辯證法」，亦即兩種不同世界觀之間的對話，從中尋求共同的真理，從衝突中找出解決之道。黑格爾的繼任者弗里德里希·恩格斯（Friedrich Engels）首先用完全實質的術語確立了這個概念。根據黑格爾的論述，有一種**世界精神**（請參閱第一二四頁〈黑格爾談世界精神〉）不斷朝向啟蒙烏托邦（Enlightenment utopia）[129]前進，但恩格斯卻關注於社會、歷史和人類的發展。他認為，人類之所以能進步發展，乃是因為需要生產和發明事物。一切進步都是為了滿足物質需求。

恩格斯認為，個人和社會層面的重大發展皆因人際關係和協同合作而發生。地點可能位於城鎮的市場或首屈一指的大學，也有可能發生於人們談論政治的餐桌上，或者在民眾最喜歡的網路論壇。因此，生產力源自於人們**分享事物**。

人遇到陌生或對立（不認同）的事物時，偶爾可能會出於迷信而摧毀它，或者將其視為「異端」而燒毀它。然而，新舊思想通常會交織融合，創造出令人振奮的輝煌事物。

達爾文研究進化論時極度仰賴辯證法，而父母基因遺傳正是辯證「第三條道路」（third way）[130]的絕佳案例。兩個獨特的物體相遇之後，便會產生這種中間路線。綜觀歷史，不少飛躍的進展發生於文化交流盛行的時代，譬如摩爾人入侵歐洲、蒙古人征服了歐亞大陸的多數地區，以及歐洲人發現了新大陸。

我們不難看出恩格斯的研究如何影響了同時代的馬克思和列寧（Lenin）。恩格斯其實認為，強調藏私而非合作的「利己主義」（egoism）若是盛行，社會便會貧困，無論此處的利己主義是專制（despotism）、裙帶資本主義（cronyist capitalism）或單純的吝嗇自私。民眾心胸狹窄，藏私自重，進步和發展便會遙遙無期。

---

128 新聞傳播學名詞，一般寫成 free marketplace of ideas。社會物暢其流，支持自由競爭的市場，各種言論相互競逐，追求民眾認可。

129 黑格爾認為，只要憑藉論證法，人類便能了解絕對理性的真理。

130 原指平衡商業發展與社會需求的政治思想。

福山談歷史的終結

這是艱苦的奮戰，但各位夥伴，我們終於贏了。你們，還有你們的外來意識形態和古怪的政治舉動……恐怕你們已經輸了。你們別誤會我們的意思，你們的確很強。在十九世紀時，我們不斷跟蘇聯人對抗，幾乎栽在馬克思那個傢伙的手上。當時風雨飄搖，局勢險峻，幸好結局跟好萊塢電影一樣，熱愛自由的富有資本家最終獲勝了。電影演完了，趕快播放片尾字幕，感謝導演、製片和演員。所有的戰爭都給我停止。每個人都要加入，因為自由民主最終會勝出。

根據美國政治學家法蘭西斯・福山（Francis Fukuyama）的說法，這便是當今國際關係的來龍去脈。他聲稱自一九九一年蘇聯解體以來，意識形態對抗劃上了句點，自由民主贏得了最後的勝利。套用他的話，這是「歷史的終結」（the end of history）。

福山在柏林圍牆倒塌之前率先提出這句著名（且有爭議的）名言。他預言了這種情況，我們至少得讚揚他一番。他的論點其實是借用黑格爾的想法。黑格爾認為，歷史一直朝著更美好、更光明的未來前進。即便未來並非完美的烏托邦，也絕對是人類所能達到的最好情境。而「最好情境」便是自由民主。自由民主帶給我們繁榮與和平，其他體制無法達成這點。

在歐洲各國和北美為代表的自由民主制，以及那些試圖效仿的國家（好比日本），人民長期過著舒適的生活，生命財產也受到保障。人們不必擔心會因思想罪而被處決，可以自由活著，說出內心的話（通常是如此）。我們可以根據喜好來與人交往聯繫。如果我們不喜歡政府體系，或者發現濫權行徑，便可發言抱怨，透過選舉或投票讓政府下台，或者使其改變施政方針。有哪些其他的制度也能提供這些好處？還有何種意識形態可讓人民受到尊重、感到安全、活得有尊嚴和積累財富？

當然，意識形態的對抗並沒有像福山預測的那樣自此結束。中國施行國家資本主義，讓中國人享有安全和尊嚴，他們雖然無法享受無拘無束的自由，但絕對心懷獨特的中國驕傲。無論北韓或俄羅斯，極權主義政權仍在掌權，地位穩如泰山。此外，自由民主國家普遍轉向民粹主義，內部暗潮洶湧，百姓日益不安。我們號稱自己的意識形態戰勝了敵人，但不言而喻或未知的禍患卻暗地叢生，逐漸腐蝕自由民主的核心。似乎哪裡出現了問題，但我們卻摸不著頭緒。

福山說中了很多事，這點毫無疑問。自由民主讓百姓享有前所未見的財富和安全感，但這會是童話故事的幸福結局嗎？某個更強大可怕的惡棍是否正在某處崛起，摩拳擦掌，準備「再度為歷史而戰」？果真如此，誰將會贏得這場競爭呢？

致謝

凡事皆無法孤立存在，其中必有緣分牽連。世間萬物皆有因果，本書自然也不例外。

我母親蘿絲瑪莉（Rosemary）從我年幼時便鼓勵我提問，父親麥可（Michael）則讓我熱愛閱讀。若非如此，我不會愛上哲學。我父母智慧超群，我深愛著他們。

我想感謝弟弟傑米（Jamie）一路相挺，還要謝謝沃利（Wally）、艾莉（Ellie）、肖恩（Shaun）和克洛伊（Chloë）。他們曾經不斷與我討論想法，彼此激盪腦力。

在此特別感謝菲利普．馬拉班德（Philip Mallaband）。我想他應該不知道我很看重他。菲利普為人冷靜，深思熟慮，態度謙恭，讓我深刻體會哲學應該以何種方式呈現。

我仍然不敢相信「野火」（Wildfire）出版社的那些瘋子決定出版這本書，但我本人對此感激不盡，畢生難忘。亞歷克斯．克拉克（Alex Clarke）和他的團隊非常棒，而且他們熱情友善，和藹可親。我特別要感謝編輯琳賽．戴維斯（Lindsay Davies）。她眼神深邃，目光有神，提供了我不少建議。此外，琳賽心思縝密，不時上網搜尋，逐一確認書中提到的日期。不僅如此，她還會假裝喜歡聽我講笑話，我對此感激萬分。

我的經紀人查理．布斯通（Charlie Brotherstone）非常優秀，為人真誠，個性隨和，誰都會喜歡跟他相處，而且他稱讚別人時，都是真心誠意的。感謝查理願意將我引介給出版社，幸好有他穿針引線，本書方能順利付梓。

我最後要感謝妻子譚雅（Tanya），謝謝她忍受我投入寫作這段時間為她帶來的不便。她無怨無悔，一路從旁支持，我銘記在心。譚雅和我兒子弗雷迪（Freddie）讓我重新體會生命的意義，我過去的諸多想法因此增添了色彩和意義，讓我開拓了眼界。我所做的一切，全都是為了親愛的家人。

本書登場思想家

以下依登場順序列出九十五位大思想家。他們是哲學家、心理學家、詩人、小說家、歷史學家、政治運動家、科學家，與虛構人物，於各領域激盪我們思想上的閃亮火花。

● **柏拉圖**（Plato, 427-347 BC）：古希臘哲學家，為蘇格拉底的門生。與蘇格拉底、亞里斯多德並稱奠定西方哲學基礎的「希臘三哲」。作品多為對話錄，著有《理想國》。【登場頁數Ｐ２０、Ｐ１０６、Ｐ２５２】

● **傑瑞米・邊沁**（Jeremy Bentham, 1748-1832）：英國哲學家、法學家，功利主義支持者。反對君主專制，倡議民選制度，著有《道德與立法原則概論》詳細論述功利主義於一切生活領域的應用原則。【登場頁數Ｐ２２】

● **亞里斯多德**（Aristotle, 384-322 BC）：古希臘哲學家，為柏拉圖的門生，亞歷山大大帝的老師。為西方哲學首度建立廣含倫理道德、美學、邏輯、形上學的廣泛學問系統。著有《形上學》、《詩學》、《修辭學》、《物理學》等豐富著述。【登場頁數Ｐ２４、Ｐ８２、Ｐ１７８、Ｐ２２０、Ｐ２６２】

● **伊曼努爾・康德**（Immanuel Kant, 1724-1804）：啟蒙時代德國哲學家、德國古典哲學創始人，開啟唯心主義哲學，被視為繼蘇格拉底、柏拉圖、亞里斯多德之後，西方最具影響力的哲學家之一。著有《純粹理性批判》、《實踐理性批判》、《判斷力批判》。【登場頁數P26、P36、P84、P270、P298】

- **艾茵・蘭德**（Ayn Rand, 1905-1982）：俄裔美籍小說家、哲學家，以小說建立「客觀主義」哲學體系，著有小說《阿特拉斯聳聳肩》。【登場頁數P28】
- **奧古斯特・孔德**（Auguste Comtem, 1798-1857）：法國哲學家。實證主義、利他主義的創始人。【登場頁數P30】
- **彼得・阿貝拉德**（Peter Abelard, 1079-1142）：法國神學家、哲學家，第一位經院哲學概念論哲學家。有「十二世紀笛卡兒」之稱，被視為康德、斯賓諾莎等人的先驅。著有《是與否》。【登場頁數P32】
- **彼得・辛格**（Peter Singer, 1946-）：澳洲哲學家，當代功利主義代表哲學家、動物解放運動倡議者。著有《動物解放》。【登場頁數P34、P40】
- **聖托馬斯・阿奎那**（St Thomas Aquinas, 1225-1274）：十三世紀西西里王國（今義大利）神學家。自然神學最早提倡者之一，受天主教會認定「史上最偉大的神學家」。著有《神學大全》。【登場頁數P38】
- **菲利普・津巴多**（Philip Zimbardo, 1933-）：美國心理學家。以「史丹福監獄實驗」聞名，也備受爭議。著有《路西法效應》。【登場頁數P42】
- **威廉・金頓・克利福德**（W. K. Clifford, 1845-1879）：英國數學家、科學哲學家。倫理學研究承繼斯賓諾莎，著有論文〈信念倫理〉。【登場頁數P44】

● **詹姆斯・洛夫洛克**（James Lovelock, 1919-）：英國哲學家、環保倡議者，以「蓋亞假說」聞名。【登場頁數P46】

● **尚—保羅・沙特**（Jean-Paul Sartre, 1905-1980）：法國哲學家、小說家。存在主義哲學代表人物，二十世紀法國哲學、馬克思主義領導人之一。著有《存在與虛無》、小說《嘔吐》。【登場頁數P50、P64】

● **米歇爾・德・蒙田**（Michel de Montaigne, 1533-1592）：法國哲學家、文學家，法國人文主義先驅。著有《隨筆集》。【登場頁數P54、P108】

● **弗里德里希・尼采**（Friedrich Nietzsche, 1844-1900）：德國哲學家、古典語言學家。著有《悲劇的誕生》、《查拉圖斯特拉如是說》。【登場頁數P56、P66、P96】

● **馬丁・海德格**（Martin Heidegger, 1889-1976）：德國哲學家。存在主義、現象學大師。著有《存有與時間》。【登場頁數P58、P196】

● **阿爾貝・卡繆**（Albert Camus, 1913-1960）：法國小說家、存在主義哲學家。著有《異鄉人》、《反抗者》、《快樂的死》。【登場頁數P60、P72】

● **亞瑟・叔本華**（Arthur Schopenhauer, 1788-1860）：德國哲學家。【登場頁數P62、P86】

● **索倫・齊克果**（Søren Kierkegaard, 1813-1855）：丹麥神學家、哲學家。存在主義創立者。著有《致死之病》、《恐懼與顫抖》。【登場頁數P68】

● **格奧爾格・威廉・弗里德里希・黑格爾**（G. W. F. Hegel, 1770-1831）：德國哲學家，十九世紀唯心論哲學代表人物之一。著有《精神現象學》、《大邏輯》。【登場頁數P70、P124】

● **西蒙・波娃**（Simone de Beauvoir, 1908-1986）：法國哲學家、女性主義倡議者、存在主義代表

人物之一。著有《第二性》。【登場頁數P74、P222】

● **法蘭茲・法農**（Ibrahim Frantz Omar Fanon, 1925-1961）：法屬馬提尼克哲學家、精神學家。後殖民主義批評先驅。著有《黑皮膚，白面具》。【登場頁數P76】

● **約翰・沃夫岡・馮・歌德**（Johann Wolfgang von Goethe, 1749-1832）：神聖羅馬帝國哲學家、詩人。著有《浮士德》、《少年維特的煩惱》。【登場頁數P88】

● **尤瓦爾・哈拉瑞**（Yuval Harari, 1976-）：以色列歷史學家。著有《人類大歷史》。【登場頁數P90】

● **卡爾・榮格**（Carl Jung, 1875-1961）：瑞士心理學家、分析心理學的創始人。著有《榮格論心理原型》、《紅書》。【登場頁數P92】

● **小丑**（Joker）：DC漫畫《蝙蝠俠》系列漫畫重要虛構角色。首度出現於一九四〇年，後經持續改編而成為流行文化重要人物。本書指的是二〇〇八年由克里斯多福・諾蘭執導的蝙蝠俠電影《黑暗騎士》中的小丑。【登場頁數P94】

● **提奧多・阿多諾**（Theodor Adorno, 1903-1969）：德國哲學家、社會學家、音樂家。著有《啟蒙的辯證》（與霍克海默合著）。【登場頁數P98】

● **薩諾斯**：漫威漫畫系列重要虛構角色。首度於一九七三年登場。【登場頁數P100】

● **蘇菲・德・格羅奇**（Sophie de Grouchy, 1764-1822）：法國知名沙龍主辦人、哲學家、哲學家尼可拉斯・德・孔多賽侯爵之妻。以翻譯亞當・斯密著作聞名，著有《同情之書》。【登場頁數P110】

● **艾瑞斯・梅鐸**（Iris Murdoch, 1919-1999）：愛爾蘭作家、哲學家。著有布克獎獲獎小說《大

海，大海》。【登場頁數P112】

● **馬克斯．韋伯**（Max Weber, 1864-1920）：德國歷史學家、社會學家、哲學家、經濟學家。西方社會學重要奠基人物、公共行政學重要創始人。著有《經濟與社會》。【登場頁數P114】

● **威廉．愛德華．伯格哈特．杜博依斯**（W. E. B. Du Bois, 1868-1963）：美國社會學家、歷史學家、人權運動家。著有《黑人的靈魂》。【登場頁數P116】

● **瑪麗．沃斯通克拉夫特**（Mary Wollstonecraft, 1759-1797）：英國作家、哲學家，瑪麗．雪萊之母，著有《女權辯護》。【登場頁數P118】

● **卡爾．馬克思**（Karl Marx, 1818-1883）：普魯士哲學家、政治經濟學家、社會學家、革命家、馬克思主義創始人。著有《共產黨宣言》、《資本論》。【登場頁數P120、P150、P288】

● **孔子**（西元前551年-前479年）：春秋時代魯國哲學家、教育家。儒家思想創始人。後人集結其學說整理為《論語》。【登場頁數P122】

● **奎邁．安東尼．阿皮亞**（Kwame Anthony Appiah, 1954-）：英裔迦納哲學家、小說家。【登場頁數P126】

● **凱薩琳．麥金儂**（Catharine A. MacKinnon, 1946-）：美國女性主義學者、社會運動家、法學家。著有《未修正的女性主義》、《性平等論爭：麥金儂訪臺演講集》。【登場頁數P128】

● **埃德蒙．伯克**（Edmund Burke, 1729-1797）：愛爾蘭政治家、哲學家。著有《反思法國大革命》。【登場頁數P130、P290】

● **漢娜．鄂蘭**（Hannah Arendt, 1906-1975）：德裔美籍政治哲學家、作家。著有《平凡的邪

惡》、《人的條件》。【登場頁數P132】

- **阿爾・金迪**（Al-Kindi, 796-873）：伊斯蘭哲學家，有「阿拉伯哲學之父」之美稱。【登場頁數P136】
- **西格蒙德・佛洛伊德**（Sigmund Freud, 1856-1939）：奧地利心理學家，精神分析學創始人。著有《夢的解析》、《性學三論》。【登場頁數P138、P212、P230】
- **威廉・裴利**（William Paley, 1743-1805）：英國神學家、哲學家。著有《自然神學》。【登場頁數P140】
- **大衛・休謨**（David Hume, 1711-1776）：蘇格蘭哲學家，蘇格蘭啟蒙運動時期代表人物，與喬治・柏克萊、約翰・洛克並稱英國近代經驗主義三大代表哲學家。著有《人性論》、《道德原理研究》。【登場頁數P142、P154、P256、P268】
- **勒內・笛卡兒**（René Descartes, 1596-1650）：法蘭西王國哲學家、數學家、科學家。近代哲學的重要先驅。著有《談談方法》、《沉思錄》。【登場頁數P144、P248、P266】
- **路德維希・費爾巴哈**（Ludwig Feuerbach, 1804-1872）：巴伐利亞王國哲學家。著有《黑格爾哲學批判》。【登場頁數P146】
- **布萊茲・帕斯卡**（Blaise Pascal, 1623-1662）：法國哲學家、神學家、數學家。著有《思想錄》、《幾何的精神》。【登場頁數P148】
- **喬治・柏克萊**（George Berkeley, 1685-1753）：愛爾蘭哲學家，與洛克、休謨並稱英國近代經驗主義三大代表哲學家。著有《視覺新論》。【登場頁數P152】
- **巴魯赫・斯賓諾莎**（Baruch Spinoza, 1632-1677）：荷蘭哲學家，西方理性主義代表先驅人物。

著有《倫理學》、《神學政治論》。【登場頁數Ｐ１５６】

- **喬瑟夫・坎伯**（Joseph Campbell, 1904-1987）：美國作家、文學研究者、神話學者。著有《千面英雄》。【登場頁數Ｐ１６２】
- **阿道斯・赫胥黎**（Aldous Huxley, 1894-1963）：英格蘭作家、哲學家。著有《美麗新世界》、《島》。【登場頁數Ｐ１６４】
- **山繆・貝克特**（Samuel Beckett, 1906-1989）：愛爾蘭劇作家、小說家。著有《等待果陀》。【登場頁數Ｐ１６６】
- **喬治・歐威爾**（George Orwell, 1903-1950）：英國小說家、記者。著有《動物農莊》、《一九八四》。【登場頁數Ｐ１６８】
- **法蘭茲・卡夫卡**（Franz Kafka, 1883-1924）：奧匈帝國小說家。著有《變形記》、《審判》、《城堡》。【登場頁數Ｐ１７０】
- **馬塞爾・普魯斯特**（Marcel Proust, 1871-1922）：法國小說家。著有《追憶似水年華》。【登場頁數Ｐ１７２】
- **科林・拉德福**（Colin Radford, 1935-2001）：英國哲學家。於論文《為何我們受安娜卡列妮娜的命運感動？》中討論「虛構悖論」。【登場頁數Ｐ１７６】
- **瑪麗・雪萊**（Mary Shelley, 1851-1797）：英國小說家。著有《科學怪人》。【登場頁數Ｐ１８０】
- **諾姆・杭士基**（Noam Chomsky, 1928-）：美國語言學家、哲學家、認知科學領域重要人物。著有《論自然與語言》、《製造共識》。【登場頁數Ｐ１８２】
- **雅克・德希達**（Jacques Derrida, 1930-2004）：法國哲學家。解構主義代表人物。著有《書寫與

差異》。【登場頁數Ｐ１８４】

- **路德維希・維根斯坦**（Ludwig Wittgenstein, 1889-1951）：【登場頁數Ｐ１８６】
- **法蘭西斯・培根**（Francis Bacon, 1561-1626）：【登場頁數Ｐ１９２】
- **湯瑪斯・孔恩**（Thomas Kuhn, 1922-1996）：美國哲學家、物理學家。著有《哥白尼革命》、《科學革命的結構》。【登場頁數Ｐ１９４】
- **赫拉克利特**（Heraclitus, c. 540-c. 480 BC）：古希臘哲學家。著有《論自然》。【登場頁數Ｐ１９８】
- **班傑明・利貝特**（Benjamin Libet, 1916-2007）：美國神經科學家，人類意識研究先驅。【登場頁數Ｐ２００】
- **卡爾・波普**（Karl Popper, 1902-1994）：奧地利哲學家。著有《開放社會及其敵人》。【登場頁數Ｐ２０２】
- **艾倫・圖靈**（Alan Turing, 1912-1954）：英國數學家。人稱現代電腦科學之父、人工智慧之父。【登場頁數Ｐ２０４】
- **以撒・艾西莫夫**（Isaac Asimov, 1920-1992）：美國作家，以「基地」系列、「機器人」系列等科幻小說最為知名。科幻小說黃金時代代表人物之一。【登場頁數Ｐ２０６】
- **恩里科・費米**（Enrico Fermi, 1901-1954）：美國物理學家，原子彈設計師之一。【登場頁數Ｐ２０６】
- **彼得・戈佛雷史密斯**（Peter Godfrey-Smith, 1965-）：澳洲科學哲學家、作家。【登場頁數Ｐ２１０】

- **尚・皮亞傑**（Jean Piaget, 1896-1980）：瑞士心理學家。其認知心理學研究成果豐碩，為發展心理學重要人物。【登場頁數P214】
- **尚—亞克・盧梭**（Jean-Jacques Rousseau, 1712-1778）：日內瓦共和國哲學家、文學家。著有《愛彌兒》。【登場頁數P224】
- **米歇爾・傅柯**（Michel Foucault, 1926-1984）：法國哲學家、文學評論家、社會史、科學史研究家。著有《監視與懲罰》、《詞與物》、《性史》、《古典時代瘋狂史》。【登場頁數P226】
- **維克多・法蘭克**（Viktor Frankl, 1905-1997）：奧地利神經學家、心理學家。著有自傳《意義的呼喚》、《活出意義來》。【登場頁數P232】
- **埃德蒙德・胡塞爾**（Edmund Husserl, 1859-1938）：德國哲學家，現象學研究創始人。【登場頁數P236】
- **亨利・梭羅**（Henry Thoreau, 1817-1862）：美國作家、哲學家、環保運動與人權運動倡議者。著有《湖濱散記》。【登場頁數P240】
- **孫子**（544 BC-496 BC）：本名孫武，春秋時代齊國軍事家、政治家。著有兵家知名典籍《孫子兵法》。【登場頁數P242】
- **薩曼莎・哈維**（Samantha Harvey, 1975-）：英國作家。著有《我睡不著的那一年》。【登場頁數P244】
- **約翰・洛克**（John Locke, 1632-1704）：英國哲學家，啟蒙時代重要人物。【登場頁數P250】
- **皮羅**（Pyrrho, c.360-c.270 BC）：古希臘哲學家。懷疑論鼻祖。【登場頁數P254】
- **讓・布里丹**（Jean Buridan, 1292-1363）：法國哲學家、宗教懷疑主義推動者。【登場頁數

P258】

● **蘇格拉底**（Socrates, c. 470–399 BC）：古希臘哲學家。西方哲學的重要奠基者。其重要思想主要記錄於弟子柏拉圖的《對話錄》中。【登場頁數P260】

● **歐布利德斯**（Eubulides, 4th century BCE）：古希臘哲學家。以七項邏輯悖論著稱。【登場頁數P264】

● **大衛・查爾默斯**（David Chalmers, 1966-）：澳洲哲學家。專研認知科學、心靈哲學、語言哲學。【登場頁數P272、P274】

● **安迪・克拉克**（Andy Clark, 1957-）：英國哲學家。專研認知哲學、心靈哲學。【登場頁數P274】

● **湯瑪斯・霍布斯**（Thomas Hobbes, 1588-1679）：英國政治哲學家，西方政治哲學發展的重要奠基者。著有《利維坦》。【登場頁數P278】

● **尼可洛・馬基維利**（Niccolò Machiavelli, 1469-1527）：義大利哲學家、政治家、軍事學家。著有《君王論》。【登場頁數P280】

● **伊本・赫勒敦**（Ibn Khaldun, 1332-1406）：阿拉伯學者、經濟學家、社會學家。有「人口統計學之父」之美稱。【登場頁數P282】

● **約翰・赫爾德**（Johann Herder, 1744-1803）：普魯士王國哲學家、神學家、詩人。【登場頁數P284】

● **修昔底德**（Thucydides, c. 460-c. 400 BC）：古希臘哲學家、歷史學家。著有《伯羅奔尼撒戰爭史》。【登場頁數P286】

- **埃德蒙．伯克**（Edmund Burke, 1729-1797）：愛爾蘭政治家、哲學家。十八世紀保守主義代表人物。【登場頁數P290】
- **湯瑪斯．潘恩**（Thomas Paine, 1737-1809）：美國政治學者、哲學家、作家。著有《常識》、《人的權利》。【登場頁數P292】
- **亞當．斯密**（Adam Smith, 1723-1790）：蘇格蘭哲學家、經濟學家。其研究與著作為經濟學研究之濫觴，有「經濟學之父」之美稱，著有《國富論》。【登場頁數P294】
- **亞歷西斯．德．托克維爾**（Alexis de Tocqueville, 1805-1859）：法國政治家、外交家。著有《民主在美國》。【登場頁數P296】
- **甘地**（Mahatma Gandhi, 1869-1948）：印度政治家，領導印度獨立運動，人稱「印度國父」、「聖雄」。【登場頁數P300】
- **弗里德里希．恩格斯**（Friedrich Engels, 1820-1895）：德國哲學家，馬克思主義重要創始人之一。與馬克思等人共同著作《共產黨宣言》、《德意志意識型態》。【登場頁數P302】
- **法蘭西斯．福山**（Francis Fukuyama, 1952-）：美國政治學家、作家。著有《身分政治》、《政治秩序的起源》。【登場頁數P304】

ithink
RI7002

口袋裡的哲學課

牛津大學的10分鐘哲學課，跟著亞里斯多德、尼采、艾西莫夫、薩諾斯等95位思想家，破解135則人生思辨題

Mini Philosophy: A Small Book of Big Ideas

●原著書名：*Mini Philosophy: A Small Book of Big Ideas* ●作者：喬尼・湯姆森（Jonny Thomson）●翻譯：吳煒聲●美術設計：廖勁智●內文排版：張彩梅●校對：李鳳珠●責任編輯：徐凡●國際版權：吳玲緯●行銷：闕志勳、吳宇軒、陳欣岑●業務：李再星、陳紫晴、陳美燕、葉晉源●總編輯：巫維珍●編輯總監：劉麗真●總經理：陳逸瑛●發行人：涂玉雲●出版社：麥田出版／城邦文化事業股份有限公司／104台北市中山區民生東路二段141號5樓／電話：(02) 25007696／傳真：(02) 25001966、發行：英屬蓋曼群島商家庭傳媒股份有限公司城邦分公司／台北市中山區民生東路二段141號11樓／書虫客戶服務專線：(02) 25007718；25007719／24小時傳真服務：(02) 25001990；25001991／讀者服務信箱：service@readingclub.com.tw／劃撥帳號：19863813／戶名：書虫股份有限公司●香港發行所：城邦（香港）出版集團有限公司／香港灣仔駱克道193號東超商業中心1樓／電話：(852) 25086231／傳真：(852) 25789337●馬新發行所／城邦（馬新）出版集團【Cite(M) Sdn. Bhd.】／41-3, Jalan Radin Anum, Bandar Baru Sri Petaling, 57000 Kuala Lumpur, Malaysia.／電話：+603-9056-3833／傳真：+603-9057-6622／讀者服務信箱：services@cite.my●印刷：漾格科技股份有限公司●2022年8月初版一刷●2022年11月初版四刷●定價399元

國家圖書館出版品預行編目資料

口袋裡的哲學課：牛津大學的10分鐘哲學課，跟著亞里斯多德、尼采、艾西莫夫、薩諾斯等95位思想家，破解135則人生思辨題／喬尼・湯姆森（Jonny Thomson）著；吳煒聲譯. -- 初版. -- 臺北市：麥田出版，城邦文化事業股份有限公司出版：英屬蓋曼群島商家庭傳媒股份有限公司城邦分公司發行, 2022.08
面；　公分. --（Ithink；RI7002）
譯自：Mini Philosophy: A Small Book of Big Ideas
ISBN 978-626-310-250-7（平裝）
EISBN 978-626-310-254-5（EPUB）
1. CST: 哲學　2. CST: 通俗作品
100　111007232

城邦讀書花園
www.cite.com.tw

Mini Philosophy: A Small Book of Big Ideas

First Published in the UK 2021 by Headline Publishing Group Limited.
This edition is published by arrangement with Headline Publishing Group Limited.
through Peony Literary Agency Limited.